大地总有孩子跑过

林茶居 著

教育科学出版社
·北 京·

出 版 人　所广一
策划编辑　刘　灿
责任编辑　王利华
版式设计　徐丛巍　孙欢欢
责任校对　贾静芳
责任印制　曲凤玲

图书在版编目（CIP）数据

大地总有孩子跑过／林荼居著．—北京：教育科学出版社，2013.8
ISBN 978－7－5041－7644－8

Ⅰ．①大…　Ⅱ．①林…　Ⅲ．①教育—文集　Ⅳ．①G4－53

中国版本图书馆 CIP 数据核字（2013）第 112981 号

大地总有孩子跑过
DADI ZONG YOU HAIZI PAOGUO

出版发行	教育科学出版社		
社　　址	北京·朝阳区安慧北里安园甲 9 号	市场部电话	010－64989009
邮　　编	100101	编辑部电话	010－64981260
传　　真	010－64891796	网　　址	http://www.esph.com.cn
经　　销	各地新华书店		
制　　作	北京金奥都图文制作中心		
印　　刷	北京中科印刷有限公司	版　　次	2013 年 8 月第 1 版
开　　本	160 毫米×239 毫米　16 开	印　　次	2013 年 8 月第 1 次印刷
印　　张	18	印　　数	1—5 020 册
字　　数	175 千	定　　价	39.80 元

关于作者

作为一个诗人，林茶居已有二十多年的写作史。如果说，阅读使他明白自己在这个天地间的位置和分量的话，那么，写作就是他对自己的重新打开和建设。

2000 年出版诗集《大海的两个侧面》后，他拓展了写作边界，除诗歌、诗论、散文、文化批评外，开始涉足教育及教育人文领域。《大地总有孩子跑过》就是他十几年教育人文写作的一次“自我确认”。

他深怀浓浓的教育乡愁，向往“大地总有孩子跑过”的教育图景。在他看来，大地，孩子，跑……所有这些，都是美好世界不可或缺的基本元素。

现供职于华东师范大学出版社，《教师月刊》主编。曾于乡村学校、教育机关做事多年。福建东山岛人。

如果我爱两朵花，其中必有百合

如果我爱两朵花，其中必有百合
在夜色里展开的星光，安静如初夏
如风雨中邂逅的一阵害羞

如果我带着两本书，其中必有《百合颂》
我是其中的上卷，上卷中的动词
并非为了茂盛、澎湃，而是为了体贴你的优雅

山高水长，山领会了水。那个倒影
就是拥抱史的倒影。在落叶的深处
你可以看见我童年的书房、课桌、小纸条

书在阅读那里，草在大地那里
或许你不知道，是什么样的眼神作用了
你的高洁，是哪些传说肯定了你的乡土

而我必须走南闯北，必须回答山谷的提问
这些年，有一个比一个强大的虚构
这些路，有一村比一村开阔的惊奇

诗写到哪里都是好的，只要有你
——百合，百合，我爱的母校
不管如何勤勉，我都无法满分、毕业

目　录
Contents

必须活在书中，带着书前行，向一本新书走去……

序
Introduction

一个人的教育乡愁

周国平

喜欢这个书名，尤其是书中第五辑的名称：我的教育乡愁——觉得它意味浓郁。读完书稿，还觉得它贴切。我体会，教育之成为作者的乡愁，有两层含义。其一，他的早年记忆中铭刻着多位教师的形象，他自己也从十六岁起当上了一名教师，教育是他钟爱的事业。其二，在今天的时代，他心目中那种真正的教育失落已久，教育是他渴望寻回的理想故土。

正是怀着这两种乡愁，在离开教师岗位多年之后，林茶居参与创办并主编了《教师月刊》。他为这份杂志向我约稿，是我们结识的机缘。

作者又是一位纯正的诗人。这使我对他的这本谈教育的书满怀期待。书中引谢林之言："诗是人的女教师。"诺瓦利斯之言："诗是保证直觉健康的艺术。"我相信，一个受了诗这位女教师的熏陶、保持了健康直觉的人，对于教育一定会有独特的、直入本质的理解。事实的确如此。

在本书中，作者谈教育，也谈诗歌、艺术、生活，随处有令人眼睛一亮的闪光的文字，我在这里仅对其中若干诗性的教育感悟表达我的赞赏和呼应。

诗与教育原本是相通的。人是一个有灵性的生命，诗是这样一个生命的歌唱，而教育则是这样一个生命的健康生长。生命是教育尤其早期教育的第一关键词。孩子首先是一个生命。"在苏霍姆林斯基的教育话语里，没有'学生'，只有'孩子'或'儿童'。"天真率性是孩子天然的生命状态，可是中国人总是强调孩子要"懂事"。"也许有的'妈妈'被孩子的‘懂事’感动了。只是这种感动非常廉价。这种感动不是一个‘妈妈’的感动，而是一个成人的无知与自得。”时下流行所谓“感恩教育”，把感恩窄化、矮化、俗化为“孝”、“敬”、“顺”，甚至教孩子给父母洗脚、过生日谢父母的生育之恩，荒唐到了极点。孩子天然的感恩“实际上都在那一声叫不腻、喊不累的‘妈妈’、‘爸爸’里”，而人的感恩之心应该“面对的是‘天地’，是‘人间’，是‘命运’，是‘花开花落’，是生命的‘偶然’，是他自己的‘珍惜’”。好的家庭教育绝无刻板的规矩和明确的目标，乃是“‘一家人’的欢乐、吵闹和争执”。鉴于今日教育包括家庭教育的病态、阴郁、粗鲁、功利，作者的一句点睛之语是：“那些活得健康、阳光、优雅、无私的孩子，他们的父母是这个时代的‘劳动模范’。”

诗歌创作过程有两个特点，它既是对个人经验的唤醒，又是对灵感突现的敞开。教育过程与此十分相似。一方面，教育也是“对个人经验的发现、呼唤、亲近、激发、彰显”。所谓个人经验，不只是指外部经历，更是指内在体验。其中，“能不能保持精神的青春期是精神成长的关键性问题。那些天真，那些萌动，那些多情，那些梦想，那些对美好事物的无限迷恋……精神成长不仅指向未来，还意味着对过去的保持，对过去的不断唤醒、激荡、敞开、照亮。”另一方面，教育又是对未来种种未知的可能性的敞开。“孩子的成长不是反应性的，而是创造性的，是对自我、对世界、对生命奇迹的创造。”“每一个孩子的成长都充满奇迹和意外。你现在根本就无法知晓他将来会成为什么样的人、从事什么样的职业。"今日的教育恰恰在这两个方面都背道而驰，功利性的目标统率一切，把个人的内在经验和创造潜能都扼杀了。

教育要能够唤醒个人经验，开放创造机遇，就必须慢。在古希腊文中，"学校"和"闲暇"是同一个词。世上一切好东西，包括好的器物、好的诗、好的教育，都是在从容的心境下产生的。作者引叶圣陶的名言"教育是农业而不是工业"，评论道：这"才是体贴人性、让教育之善充分敞开的美好叙事——它准确地握住了教育'慢'的、'个性'的、'顺应自然'的本质"。今日教育的快，实质是急功近利，让学生做的大量事情与教育无关，甚至是教育的反面。可是，孩子和家长却因此没有了喘息的时间。"孩子们的成长被加诸了太多的人生难题。教育在这个问题上正做着雪上加霜的事情，还美其名曰：为每一个孩子的一生负责。""这个时代的中国父母也许是有史以来过得最累的父母。告诉他们可以不做什么比告诉他们应该做什么可能更为急迫。"做减法，减去非教育性质的负担，不但给真正的教育腾出了空间，而且孩子和家长都会轻松得多，这是多么中肯的提醒。

作为一个执教多年的语文教师，作者对语文教学也有精当的识见。"好的语文教师的一个重要标志就是：有足够的激情与办法让好的文字和孩子相互照亮，相互敞开，相互召唤。它促成这样一种令人向往的教育情境：孩子在好的文字中认出'我'，发现'我'，感受'我'，教育

‘我’。”读到这个话，我不由得击节赞叹。倘若不是一个深谙文字的精神品格的诗人，怎么说得出这个话。当今语文教学弊病甚多，举其要者，一是技术主义，课文分析则武断所谓主题思想、段落大意，作文则强求所谓遣词造句、谋篇构局。作者责问道：“谁给了你‘遣’词‘造’句‘谋’篇‘构’局的权利？你所应该做的是丰富自己的内心，听从语言的召唤。”二是道德主义，所谓“先做人，后作文”，而把“做人”局限为做“道德的人”。作者指出，这个命题若要成立，“做人”应该是做“思想的人”、“情感的人”、“心灵的人”、“精神的人”、“审美的人”，等等，而不只是“道德的人”。事实上，在道德主义的逼迫下，假大空已成学生作文的通病。写假话甚至是一种硬性要求，比如说，让与父母长期分离、艰难度日的“留守儿童”在作文里写“我幸福的一家”，用学到的形容词歌颂祖国和展望未来。在这样的语文教学中，既没有好的文字——即使本来是好的文字，遭到技术主义阉割和道德主义曲解后，也成了坏的文字——又没有真实的“我”，真实的生命和心灵，遑论相互照亮。

最后，我想说，在教育遭到沦陷的今天，作者的教育乡愁在不同程度上也是每个常识尚存的人的乡愁。因此，让教育回归常识，是我们的共同心愿和责任。

2012 年 12 月 13 日

第一辑　孩子啊孩子

多嘴诗之一

把这个月写完，我将作为小说家
住进平房。做早餐，养宠物，挖手心里的血
读 20 世纪 80 年代的传记
以及剑桥世界史
整理童年，爱情，与你一起走过的街巷
想那些繁荣昌盛的夜色，那些“克制不住的开阔与蔚蓝”
进一步用家乡话赞美你的文科
像《国际歌》，起来，饥寒交迫的世界观
曲高和寡，慢慢茁壮
避免发表比较平均的看法
年终岁末，泡泡功夫茶，水越来越淡——
水以婚后的方式浇灌了肉身通向幸福的枝条

(2007 年 12 月 1 日下午)

从一个孩子的脸上，从一个孩子的习惯、喜好和选择中，你可以知道这个时代的价值观，你可以知道这个国家在走什么样的路子。

一个孩子的现实处境反映了一个国家的根本处境。一个孩子的成长，他生命的刻度与节奏，集中了整个国家、社会、文化、制度、教育、学校乃至家庭、父母及其他成人的强制、教导和暗示。

一个天真无瑕的孩子，长大后成为庸俗不堪的人，甚至是无恶不作的人，这个“长大”是有错乃至有罪的，这个“长大”有时候也被称作“社会化”的过程——这个“社会”真是罪大恶极。

之所以有所谓挫折教育、磨难教育的倡导和实施，首先是因为这个社会出现了问题，出现了反教育的文化和环境——社会本身无法解决，成人们无法解决，只好让孩子们尽早做好受苦受难的准备。

孩子们的成长被加诸了太多的人生难题。教育在这个问题上正做着雪上加霜的事情，还美其名曰：为每一个孩子的一生负责。

生命难免会有痛苦。这种痛苦是这个生命的主人的精神生活的一部分，是他在成长中需要获知的人生本质，而不是教育发挥效能和产生意义的对象。

“为……作准备”的教育是值得怀疑的。每一个孩子的成长都充满奇迹和意外。你现在根本就无法知晓他将来会成为什么样的人、从事什么样的职业。他现在感兴趣的也许是暂时的好奇，他现在懵懂无知的也许将来有某一个机缘使他突然顿悟并终身投入，况且，人命定中的东西将在一些特殊的时刻决定他人生的走向或转向。这也正是教育的困难之处。

别以为所谓的感恩教育是什么正常的东西。让孩子回到家里给妈妈洗脚就是感恩教育吗？那种教导孩子在生日的时候跟妈妈说“谢谢妈妈生下了我”的做法更是天大的笑话——难道孩子是为了这个被称作“妈妈”的人而生的？很多时候，爱、感恩，是无法言说、难以落到“做”上的。孩子的爱、感恩，实际上都在那一声叫不腻、喊不累的“妈妈”、“爸爸”里。

也许有的“妈妈”被孩子的“懂事”感动了。只是这种感动非常廉价。这种感动不是一个“妈妈”的感动，而是一个成人的无知与自得。

感恩本来就是人的天性。不是孩子不懂得感恩，而是感恩本来就是“大象无形”、“大音希声”的；不是孩子不知道感恩，而是我们把感恩窄化、矮化、俗化为“孝”、“敬”、“顺”。如歌所云：“感恩的心，感谢有你。”这里的“你”绝不是父母，不是老师，不是人民，不是社会。人的“感恩的心”，面对的是“天地”，是“人间”，是“命运”，是

“花开花落”，是生命的“偶然”，是他自己的“珍惜”。

草除了绿，花除了美，山除了高，水除了流，孩子除了随顺生命自由成长，你还想让他们干什么！

为人父母是一种天命，同时也是生命的一个奇迹。一个男人，一个女人，因为共同创造了新生命而拥有了全新的生命状态：父母。这绝不仅仅是爱情、婚姻的结果，更是生命本身的一次伟大转向和打开。

每一个为人父母者的诞生都是这个人世间的喜讯。而那些一生下来即被遗弃的孩子，他们的父母双耳失聪，听不到这个大地的好消息，听不到众神的祈福。而那些来不及哭喊即刻回到土壤的孩子，他们从此和父母失去了联系——他们和父母彼此呼唤，只是无法相互听见。

“父母”不是一个教育概念。“父母”是宗教意义上的词。“父母”是爱的信仰。

父母不是专业，不是职业，不是事业。父母是无私地爱自己的孩子的人。

父母对孩子的爱并非出自责任，而是他们作为人之父母的肉身机制——

如果不爱，他们会不安，会产生不适感，会陷入恐慌。所以人世间有这样一件伟大而自然的事：哺育。

父母哺育孩子。“家长”教育孩子。哺育和教育，在人的生命成长中有着截然不同的内涵和意义。哺育内涵了强烈的身体意义，它大于也重要于教育的文化意义。

首先不是“父母”需要教育，而是教育要改邪归正。首先不是“父母”需要有人来教他们怎样做父母，而是这个社会要给“父母”以做父母的尊严。

因为被称作“学生家长”，几乎所有的父母都成了“学生”的一部分，成了“作业”、“训练”、“考试”的一部分。他们不得不参与学校教育的“改革与发展”，并常常被冠之以“好家长”的称号而成为“教育改革与发展”的成果的一部分。

每一个孩子的不同决定了每一个为人父母者的境遇都是独一无二的。这个父亲的经验在那个父亲那里可能“拳打棉花”，那个母亲的心得用在这个母亲的孩子的身上可能导致恶果。

为人父母具有一种不可学习性。

父母是孩子的“第一任老师”，更是孩子的“一家人”、孩子永远的亲人。以“教师”的标准来要求和衡量父母，实质上是学校的强词夺理，是社会的推脱责任；它同样反映了整个文化中“父母文化”正处于一个很无奈、很尴尬的境况，并随时可能被修改和刷新。

这个时代的中国父母也许是有史以来过得最累的父母。告诉他们可以不做什么比告诉他们应该做什么可能更为急迫。

这个时代的大多数中国父母都生活在担惊受怕当中。

“父母”们为什么如此忧虑于孩子的成长，为什么试图为自己的孩子包做一切，包括他的学习、生活、娱乐、考试、就业、婚姻，甚至在一些地方，有的父母还为孩子准备好了墓地。他们生活的艰难，他们生活的无着落，他们所遭遇的不公平，决定了他们不可能“放心”地把孩子交给这个“社会”；就算他们过着奢侈的“有钱人”生活，他们也时常处于惶惑当中，身体的不安全感、精神的不安定感，使他们更愿意孩子生活在自己的视野之内，并努力让孩子成长在自己的“规划”里。“父母”对孩子成长的“不放心”根本上是对这个社会的“不放心”。

这个社会给了父母们太多的“教训”。种种“教训”让父母们尤其是只有一个孩子的父母们不敢有丝毫的侥幸。

生活在社会底层的父母们的焦虑才是当下中国父母的真实焦虑。生存上的无助和无奈让他们的精神几近麻木。在他们那里，所谓家庭教育几乎就是一件奢侈的事情。

我的家乡福建东山岛有一个寡妇村，那是20世纪50年代海峡两岸军事争端遗留下来的人伦伤痕。这在当时可谓举世无双。而现在九州大地不仅有众多的寡妇村，还有一整溜儿的寡妇镇、寡妇县。媒体天才地鼓捣了一个词，叫作“体制性寡妇”。历史总是把一个人性的废墟让女人、让母亲去出生入死。

大地上还有更多的体制性孤儿——他们一般被称作“留守儿童”。他们的父母在他们所想象不到的远方，过着他们所想象不到的生活。他们的父母的生存状况与他们在书本上读到的总是天差地别。他们是非正常生存儿童。

我无法想象，一个孩子，偶然在电视新闻上看到火车站滚滚的人流中闪过父亲或母亲的茫然而焦急的脸庞的时候，他是惊喜还是陷入更大的无助。

这些非正常生存儿童和城里的孩子一样，在老师的教导下，在作文里写“我幸福的一家”，写“小鸟悦耳的叫声”、“潺潺的河水”，并用自己所学到的所有形容词歌颂祖国、赞美春天、展望未来。

他们身上那种与生俱来的低调、质朴、率性的“乡土气”，在各种显豁、高昂、理直气壮的形容词诸如日新月异、天翻地覆、莺歌燕舞等的“映照”下，显得低贱、鄙俗、畏缩。

现在大肆流行的是“痞气”。现在是暴力文化、拳头文化、“老大”文化、“江湖”文化在孩子们当中的日常化。这实在是长期以来的奴才文化、等级文化在文化表达机制上的一个变种。尤为令人忧心的是，这种文化正得到越来越多女孩子的接受和推崇。

我更警惕于当下文化中越来越嚣张的“妖气”，那种男不男女不女的声音、装饰、动作、表情、习惯用语及说话口气。或许可称之为“中性”，但这种中性绝非“中和”，更非“综合”，而是男性气象和女性气质的同时萎缩和坍塌。

一个孩子的成长，逃脱不了与这些“痞气”、“妖气”的交织和相互选择。一个孩子的成长实在是一个文化的难题。

那些活得健康、阳光、优雅、无私的孩子，他们的父母是这个时代的“劳动模范”。

我知道一些教师在“教训”或“指导”学生家长的时候，他自己其实对如何为人父母也是知之甚少乃至手足无措的。

学校教育和家庭教育在实施形态上有着质的不同。前者是组织化、制度化、有明确目标的，而后者依赖于日常生活，是“一家人”的欢乐、吵闹和争执。

孩子的成长不是对某件事情的完成——对父母及孩子自身来说都是如此，所以家庭教育的“计划化”至少是无益的。

所谓学校教育和家庭教育的“无缝对接”只能导致孩子成长的扁平化。事实上这常常是学校一方的一厢情愿——学校教育和家庭教育的有效合作就像两个齿轮的有力咬合，而非一个管子和另一个管子焊接在一起让水顺畅地流过去。

独生子女无疑已经成为一个极其重要的教育视角和教育命题，只是由于教育研究中“人”的主体价值没有被真正彰显，教育研究本身也缺乏个案跟踪的耐心，教育中“独生子女”的人口学意义、统计学意义、社会学意义远远大于教育学意义，或者说，至今还没有一个清晰、丰富而富有张力的教育学意义上的“独生子女”形象。

除了习惯于沿用自私、“独”、不合群、自制力差等更具社会学蕴义的语词外，教育学在学科的意义上并没有对“独生子女”作出切实而到位的描述。

与三十年前的孩子相比，教育教学实践中的“独生子女”并没有什么本质的不同。在当下的教育教学中，大多数孩子的“独生子女”特质并没有得到必要的观照和眷顾。

在“独生子女”的问题上，教育研究和教育实践都是严重滞后的——它们都没有也没有能力作出准确而有力的回答。

大体上，现在的孩子还是被作为“新中国的孩子”来教育的。如果教育有错，那也是“独生子女之错”。

独生子女家庭，父母只是一个孩子的父母，而他们的爱，他们的心，他们的身体，是为很多孩子准备的。一个总是不够。一个孩子的成长，装不下父母那么多那么密那么重的爱。

这是我的直觉：双胞胎孩子常常更加自信——这种自信不是源于双胞胎属于人群中的“少数”，而是因为他多了一个“自己”，他多了一个日常生活的亲密伙伴。

双胞胎孩子，除了让人感到生命本身所可能有的奇迹外，他们之间的心灵呼应充满人世的惊喜。

在我所熟识的女人中，她有没有弟弟实在是差别太大了。或者说，有没有被男人称作“姐姐”，其生命状态、生活状态乃至语言状态大不一样。

同样，有没有姐姐或妹妹的男人也有着根本的不同。那些有姐姐或妹妹的男人总是更懂得怎样去爱、去照顾自己的女人。

要想方设法，让自己的孩子有亲兄弟姐妹。

文化上的兄弟姐妹和血缘上的兄弟姐妹之于人的生命成长是有着根本的不同的。

我的幸福至少有三分之一是因为我有一个好姐姐。

我这样说并非强调我比独生子女有一种人伦上的优势，而是我庆幸自己出生于不鼓吹“只生一个好”的时代。

多年以前曾经有一个好朋友非常严肃地跟我说他要追求我的姐姐，我一下子惊呆了。

我读初中时认识并交往至今的一个好兄弟有两个漂亮的妹妹。当年我曾经想过是不是可以找她们中的一个做女朋友呢。她们一直叫我哥哥、哥哥。我在她们家就像在自己家一样自由、放肆。

也许我是自私的。这两个漂亮的妹妹多少弥补了我没有亲妹妹的缺憾，让我的情感不至于太失重。

爱是一件多么巨大的事情。爱。天使。人间世。

冬天，我更加担心你，我亲爱的孩子。

当你看不到我在，你一定失望至极。众树落下了她们的叶子。

小树努力地往上长，不是为了看得更远，而是期盼早点和大树靠得更近。啊，也许，只要，拉拉你的手，你就心满意足了。

你一定不知道我在呼唤你，所以今天你郁郁寡欢。

你在渐渐长大。我停留在我的青春里。山高水远，冬日暖阳。

大地总有孩子跑过。她们是这个人间的好奇和惊喜，她们是语言里的

“啊”“呀”“吗”“嘿嘿”“哈哈哈”……

孩子的要求实在是很低很低。孩子最需要的，仅仅是一种时刻围绕在身边的安全和温暖——她可以随时撒娇，放肆，叫喊，做鬼脸。

孩子的成长不是对这个社会、对其所受的教育的反应。孩子的成长不是反应性的，而是创造性的，是对自我、对世界、对生命奇迹的创造。

孩子每长一岁，世界美好一倍。

好的课本帮助孩子优美地成长。“好”也是一种呼唤。

通过构筑美好、丰润、茂盛的文字世界，语文教师成为优秀的诗人。

好的语文教师的一个重要标志就是：有足够的激情与办法让好的文字和孩子相互照亮，相互敞开，相互召唤。它促成这样一种令人向往的教育情境：孩子在好的文字中认出“我”，发现“我”，感受“我”，教育“我”。

孩子，你应该写这样的作文：没有成语——成语常常对想象形成抑制；没有典故——诸多典故隐含陈旧的价值观；不在乎时间和地点——时间和地点有太多的偶然性，常常使文字简化成某件事；尽量避免“他”——在你和“他”之间，有太多的遮蔽和阴影；少量的“你”——对这个作为第二人称的“你”，诸如爸爸、妈妈、同学、老师，你所知不多，你尚未与之形成足够的对话感；有更多的“我”——“我”才是你最知道的。

也许，这个“我”一点也不可爱，但是孩子，这个“我”才是真实、确切的风声雨声中的你。

是的，孩子，不要把作文写得像“女强人”。

所有的人都是“平常人”、“日常的人”。每一个人都“平常”地活在“日常”中。

生活就是你知道的那些人、事、物、场景，再加上与它们有关的那些猜测与想象。比如你的生日快要到来的时候，你想着好朋友会送给你一个小礼物，你想着她会跟你说“生日快乐”，于是你非常开心。然后你还会想着等好朋友生日的时候，你送她一个什么。这样，生活就在想象中展开了。

想象从来就不是一项所谓的“作文技巧”。想象源自爱，源自美好的情感。你因为爱她你才想象她。美好是爱出来的。世界是想象出来的。

你的身体有诸多你看不到的地方，它们给你留下了足够的想象空间。

你的耳朵远比你在镜子中看到的好看得多。你的耳朵丰富着你所看到的一切。

所以孩子，你有两个小屁股。一个在你的身上，一个在你的想象里面。

我希望你有漫山遍野的隐秘的香气，满怀对美的感激，每天加入一片新绿的散步或长跑。

（2008 年 12 月，陆续写就）

第二辑 小纸条

多嘴诗之二

而更多的树，它们的头朝下生长
让我觉得靠近，有老乡感，如同看见毛笔在大地上写字
大概写的是江与河
那么我的阅读要避免断流
事实上我欠下很多书债，《存在与虚无》
近二十年了还没有读完
后来折进海德格尔的“林中路”
在这里遇害见妖，因此不再考虑做人
以一颗文心雕龙女，雕南方，雕前进的苦难
诗是自作自受的事，安顿一个国而已
有时打开窗子，发现万家都有灯火
菩萨保佑，那些被唤作母亲的人都有心满意足的晚餐

(2007 年 12 月 1 日晚)

1. **从前**。我必须从“从前”说起。当6月9日那天下午我和少敏老师、国锋诸君来到马尾老若的“从前服装店”时，我切切实实地重温了一次诗歌的“1980年代”。

2. **国锋**。国锋的眼睛总是看不够，他似乎对很多东西都有收藏欲，他不停地拍啊、拍啊。老若说，国锋有多动症。

3. **多动症**。我突然意识到，“多动症”用在当下的中国教育上是如此的贴切。

4. **我**。我就是那个自杀未遂者。我曾经和几个朋友一起设想过如何自杀。C说：饿死——当时他在修禅。

5. **自杀未遂者**。所有的自杀都是未遂的。六七年前吧，我家乡的诗友H自杀了。后来她姐姐找到我，交给我一叠H的遗稿。在自己的遗稿中，H一直很古典地笑着——她自杀，她未遂。

6. **H**。H曾经是一位小学教师。如果她还活着，她现在还会是小学教师吗？如果是，她一定会成为一个优秀的教育写作者。

7. **小学教师**。昨天，我的一位学生从厦门到福州来找我。她让我想起，我曾经是一位小学教师。她是我实习时的学生。“实习老师”总是美好的，比“老师”美好无数倍。

8. **福州**。有关福州，这个我工作了几年的城市，至今我写不出一句话——如果这句不算的话。

9. **不算**。你说过的每一句话，星星都记住了——就这句，星星没有记住。星星一听到自己的名字就中毒、失忆，所以她需要不断地闪烁。这句不算，她说。

10. **中毒**。一些词汇，是如此深刻地影响到我内心的气候，诸如，诸如，诸如……她们让我中毒，我因此患上了可怕的话语症。

11. **话语症**。这些天雨一直落着。“雨”是南方的精神元素，它参与了对“南方”的文化构造，它是“南方”最严重的话语症。

12. **雨**。雨落着落着，在一棵树上成为怕雨的孩子。

13. **孩子**。我有很多很多的孩子。她们过早地承担了我生活的苦难与沉没。

14. **沉没**。英国诗人哈代这样写泰坦尼克号的沉没："船和冰山是命定的情人。"

15. **情人**。一些稍稍了解我的生活的朋友有时会故作神秘地问："你是不是在过着一种情人般的生活？"他们都错了——我只有爱人，彼此分开的爱人。

16. **朋友**。朋友就是可以彼此打开、彼此无恶不作的人。用雅斯贝尔斯的话来说就是："人们出于寻求真理的唯一目的而群居于此。"我特别倾心于"群居"这个词。

17. **彼此打开**。你要承认，这是困难的，尤其是和那些在所谓"要害部门"做事的人在一起的时候。有的人就是这样，说话就像在做严谨的科学研究。

18. **要害部门**。有一天和家乡来的一个在要害部门当局长的朋友在"东方红"的大堂吃饭时，突然，他把头低了下来。一会儿，他才说，刚才是我们县某某局的某某带着一个女孩子进来，可不能让他看到，以免过后碰面时彼此尴尬。瞧瞧，他们彼此成为"要害"。

19. **家乡**。我的诗歌写作有时就是一种"返乡"，在家乡的土壤里发现一个新的语词。

20. **语词**。慢慢地，你会发现，语词正在参与你和“他者”的斗争。为什么是这个词而不是那个词？这并非所谓“推敲”的问题，而是你和这个语词（词）的相互寻找、相互看见、相互确认、相互展开。

21. **斗争**。俞心樵的诗是我读到的最有“斗争（战斗）”气质的中国当代诗歌。这个当年闽北某县某中学的辍学生，四处流浪，无数次地恋爱。我不会忘记，在1990年代末的漳州，我和俞心樵合唱《国际歌》的情景，当时在场的还有道辉、安琪。广东诗人黄礼孩出资做的《诗歌与人》最新一期就是“俞心樵诗歌专号”，我宁愿把它看作诗人之间的一次灵魂的相遇。前些天在“百度”，我偶然发现俞心樵新写的一首诗。诗写的是友情，但依然是一个斗争的场景——

元月26日：致安琪、林茶居及闽南诸友

我们要去看一个人
这个人从京城到外省
就在本省，离你们不远
离我们更近。这个人

不好说。一切都是秘密
大家只说他出了事
究竟出了什么事？没有细节
谁又能真正见到他

究竟什么样的道路才能通向自由
哪一条更近？哪一条更远
究竟什么样的灵魂才配得上这一份苦难
文化人夸夸其谈的习性多么奢侈

这个人写下的诗
早已不能发表
这个人所做的事
早已难以想象

如果他只是某种动物
他应当被关在动物园
大家都可以去看一看
如果他只是一堆垃圾
为什么又被锁进保险箱
外面有重兵把守

22. **漳州**。这是我曾经求学的城市，这是我曾经参与诗歌运动的城市，这是我无数次进进出出的城市……我诗歌中的“闽南”，在精神意蕴上和它是叠加在一起的。说起“闽南”，有时候我会忘记厦门和泉州也是它的属地。

23. **闽南**。作为一种乡土的记忆，“闽南”一词也参与了我诗歌的起义。

24. **起义**。我在起义中长大并成长为自己的敌人。

25. **敌人**。雅斯贝尔斯说，“我们的敌人是自鸣得意的满足和庸俗的姿态”（见《大学之理念》）。

26. **庸俗**。可以小庸俗，但不要大无耻。

27. **无耻**。这是一个需要时时加以警惕的词。

28. **这是**。我愿意你指着我说：“这是我的。”

29. **愿意**。你愿意吗？你愿意我也指着你说“你是我的”吗？

30. **吗**。**“吗”**出现在哪里，哪里就有热爱与美好。这是教育中极为缺乏的一个叹词，那种商量的、探询的、友善的、期待的“吗”文化。

31. **期待**。期待是一种美好的教育情感，一种教育的美学，一种超越于教育伦理的教育本原之美。这个发现几乎颠覆了此前我对教育的所有理解。

32. **颠覆**。我接受颠覆的宿命，当然，它必须由我自己来完成。

33. **宿命**。在回复武汉教师徐莉的帖子里我说，我恐惧于某种宿命。而徐莉却义无反顾：我渴盼那是我的宿命——“我的设想是从我家住的7楼窗口走出去，当一次飞翔——一个成天被圈禁者的梦想”。

34. **被圈禁者**。其实很多读书人都是被圈禁者——他们总是在书中出生入死——但被什么样的东西“圈禁”着却不一定清楚。

35. **清楚**。为什么要搞清楚呢？世界本身的混沌一直在反证着科学前景的茫然，而艺术以其不可言说性呼应着世界的神秘。尊重世界首先就是尊重世界的神秘性。

36. **神秘/神秘性**。说起生命的时候，你也首先要意识到它是神秘的、不可预知的。尊重生命也一定是首先对生命的神秘性的尊重。之所以必须有教育的“期待”，正是因为生命的神秘在于“期待”之外，“期待”是对生命神秘性的无限靠近。所谓“生命化”，也一定首先是对生命神秘性的尊重、呼唤和展开。这时，教育才可能成为对生命的眷顾与成全。

37. **生命**。多年前，我在央视一套的新闻节目里看到这样一个报道：人的脐带血具有人体干细胞再造功能。它的意思是，当人的血液失去了为人体提供能量的作用的时候，比如白血病患者，这些脐带血可以通过再造干细胞让人的血液恢复活力。看来，我们的母亲在生下我们的时候就同时为我们准备了另一套生命。然而几千年来，脐带血都被我们跟着脐带一起扔弃。前不久，人类才开始启动保存脐带血的工作。

38. **脐带血**。也许，诸如壁虎尾巴的再生，野草的“春风吹又生”，是世间万物都有脐带血的某种神秘的暗示。

39. **暗示**。我们在抵抗和超越各种各样的暗示中逐渐强大，变得有弹性、有韧性。但要警惕来自自己的那些暗示——先入为主是一种难以克服的恶习。

40. **先入为主**。我常常先入为主地认为你是对的，所以我也不会有错。“对”带来更多的“对”，“错”带来更多的似是而非。

41. **似是而非**。作为一种语词状态，似是而非更加贴近事物本身，它尊重并展开了事物的变动不居性。事物的真实面貌常常就是似是而非的。我们面对一棵树的时候，事实上是我们有关“树”的认知和经验在面对它。树，花，我们所喜爱的事物，包括整个世界，它们都是似是而非的。

42. **世界**。格里马尔迪说：“世界是一个由人们能够支配的种种手段和人们遇到的种种障碍堆积而成的垃圾堆。”（《巫师苏格拉底》）这是他说的，和我没有关系。

43. **《巫师苏格拉底》**。那天在晓风书屋，遇见亢哥。他不知买了什么，我买的就是这一本：《巫师苏格拉底》。我没有要书店给的袋子，我喜欢把书直接拿在手上。亢哥突然窃笑：“这书我看过了。”论读书，你很难走在亢哥的前面。不过我也知道，要与亢哥“邂逅”，书店是首选。两个人说上几句废话，抽几支劣质烟，然后陌生人一般散去，不期待重逢。

44. **陌生人**。在《面朝大海，春暖花开》这首诗中，海子写道：“陌生人，我也为你祝福/愿你有一个灿烂的前程/愿你有情人终成眷属/愿你在尘世获得幸福/我只愿面朝大海，春暖花开”。海子把陌生人当作了自己的亲人，而他的亲人在“大海”那里，在“春暖花开”的地方。

45. **大海**。2000 年我出过一本诗集：《大海的两个侧面》。它本来是我的一首百行诗的标题，我是在某一个瞬间决定以之为名的。大海，大海，大海……家乡的那个海。那内心的涛声“足够用来痛哭”。谁这样写过：大海，一个巨大的徘徊。

46. **徘徊**。徘徊的身边站着彷徨、踟躇与彳亍。它们都是愁苦、忧闷的孩子。我常常在字里行间徘徊、不安、想念、忏悔。

47. **忏悔**。忏悔，这是一种常常被遗忘的人性品质。那些缺失了忏悔的所谓感恩，是如此的苍白、做作。

48. **缺失**。我们的缺失是如此之多，却又浑然不觉——这是最为致命的缺失，所以我们只有片言只语，只有看似机敏的跳跃……那些被我们忽略的，它们有更多的奇迹。

49. **奇迹**。词汇因为创造了精神奇迹而成为语词——我就是在这个意义上使用“语词”的。

50. **词汇**。你一定要改变词汇的呆头呆脑的形象。你可以说“伟大”，但不要把它与旗帜、广场、人群、汹涌澎湃……放在一起，诸如“阳光”、“春天”、“爱情”等，也要警惕这种条件反射般的联系。有时候就是这样，写作成为与大词艰难斗争的过程。

51. **大词**。可我们无法避开大词，大词式的写作由来已久，它的惯性如此之大：没有大词，我们的言说不是语无伦次，就是难以获得必要的心灵呼应。现在的情况是，大词因其自身宏大、坚硬而高调的洁癖，反而给自己带来更多的污染。这就有了一个“小词”的问题。

52. **小词**。敬文东说：“直接使用小词意味着直接进入事境，直接接受了小词中卑污甚至淫亵的成分。”（见《抒情的盆地》）所谓小词，不在其重量之小，格局之小，场景之小，意蕴之小，而在其天然，世俗，淳朴，悲悯，乡下（并非相对于城市而言）气息，由内而外地打开，自我负责，说出大海的蔚蓝色奇迹。

53. **乡下气息**。在多年前的一个小型聚会上，我用这样一个词组来譬喻我所认为的好的教育文字：乡下表妹。是的，我强调的是好的教育文字，强调好的教育文字应该有亲近，有彼此的招呼，有串门感、劳动感，有耕耘的动作，有健康的生态，有对土地的热爱与靠近……它们，在绿色的原野上结成绵绵不绝的乡下气息。

54. **聚会**。这一段时间聚会似乎多了起来。昨晚在“勺园一号”，我们围坐在一张用大木门铺成的桌子四周，喝着啤酒和若冰带来的特其拉。

我的对面是游刃，他总是更加适合安静地坐在那儿，我们偶尔彼此看一眼，然后碰几杯。我的身旁是子梵梅，她昨天刚到福州，我们更多地谈起闽南旧事，以及一些老朋友。“当年的翩翩少年啊……”我不禁感叹：“而今偏偏不少年。”而程剑平同志总是想着自己的心事。而巴克依旧夸大其词，他的婆娘在幽晦的酒吧光线里更加风情万种。而少敏老师最后趴在那里，仿佛时日已旧，夜色无春。

55. **勺园一号**。勺园一号，一个用旧时代仓库改造的酒吧，它的主要支架都是用老杉木做成的，像极了闽南农村的老祠堂。子梵梅说这是她见过的最有意思的酒吧。若冰曾经在这里做过音响师。这个月的 19 日，朋友们将在这里搞一次主题为“诗歌结”的诗歌朗诵活动。

56. **老祠堂**。小学一年级，我就是在村里的老祠堂度过的。在村里的老祠堂，列祖列宗见证了我从一个顽童到一个学生的转变。这是我 5 岁那年发生的事。

57. **学生**。在苏霍姆林斯基的教育话语里，没有“学生”，只有“孩子”或“儿童”。

58. **话语**。我的一生都在寻找我自己的话语。我必须通过它，才能说出我自己的世界与灵魂。

59. **灵魂**。“灵魂对其自身来说既是一个谜，又是一种痛苦。”（格里马尔迪，《巫师苏格拉底》）

60. **痛苦**。痛苦像灵魂附在追寻终极真理的身体上。

61. **身体**。为什么是“保重身体”呢？所“保”之“重”反而让身体有了“不可承受之轻”。

62. **保重**。但我还是要说：“朋友，保重！”我们总是纠缠在自己对自己的打开中。

63. **纠缠**。因为爱，所以纠缠不清。

64. **因为……所以……**。这是一个比较可怕的关联词，那么水到渠成，那么顺理成章，那么理直气壮。

65. **关联词**。最无聊的关联词大概是：虽然……但是……。同志们常常在这里暴露出一点弱智。

66. **无聊**。有时候我会想，干脆就做一个无聊的人，把思想、情感、责任、信念、向往、期待、梦想……通通卸载掉，让形而下的一切恣肆汪洋。

67. **形而下**。用什么来结束我们的讨论呢？这是昨夜梦中的一句话。以前我都是一周做一次梦，现在似乎多了些。也许，形而下的东西正在拓展它自己的疆域。

68. **讨论**。我忘不了那一次讨论。而“那一次讨论”尚未出现。而这样的讨论总是会发生的。比如这个月末，黄昏，在 202 室，讨论雨水、食欲，以及我为你而写的诗：“你看，食欲多像固执的密探/为一个久攻不破的城池而隐姓埋名”……

69. **忘不了**。忘不了。可以轻易这样说吗？总会有忘不了的事。它们多像那些贪婪的季节虫，撕咬着我的口语与夜色。

70. **口语**。闽南口语中有一个好词：安。女人这样说的时候，就是讲：我的男人。你瞧，屋子里的一个女人，她安身于此，多么安心，多么安谧，多么有安全感，睡得多么安恬。她一次次地叫着：安，安，安……

71. **安**。让我做你强硬而多情的“安”。

72. **多情**。那天在《读书》上读到一篇文章，才知道苏轼《念奴娇·赤壁怀古》中“多情应笑我”一句另有一解：“多情，东坡自谓其亡妻也。东坡元配王氏，早卒，坡常追念之，集中《江城子》‘十年生死两茫茫’词即悼亡作……”如此，此句实是极为悲怆、忧愁的，所谓“万水千山总是情”，大致如斯。叹！叹！叹！

73. **万水千山总是情**。此情愫之彻底莫过于金庸笔下的两个“毒女子”：梅超风、李莫愁。她们是为情而生的女人，所以爱就爱得咬牙切齿，恨就恨得与天为敌。“问世间情为何物，直叫人生死相许。”这是李莫愁的苍凉与绝望。杀！杀！杀！

74. **梅超风**。为什么你以“梅”为姓？这孤绝的花只热爱自己的素洁与寒冷。它是世俗之外的香。

75. **世俗**。某晚偶然读到某寺庙住持为《茶道》杂志写的卷首语，其中有这样的句子：“人生如茶，空杯以对，所以有无数的好茶，有无数的欢喜和感动。”不禁哑然。“欢喜和感动”，这不是世俗中人才可能有的世俗情怀么？L说，弘一以后无和尚。诚哉斯言。

76. **弘一**。我更愿意把弘一法师作为一个传统文化的誓词。

77. **誓词**。忘了从哪里看来的消息，说的是前不久美国东部的一个教堂内有一次集体婚礼，新人们抛开那些流传千百年的至死不渝的爱情宣言，不为未知的未来承诺，只有现实的期许：“我们的爱情能走多久我就有多忠诚”、“我能爱你直到我们分手”、“我愿意，直到我不愿意为止”……

78. **我愿意**。“我愿意……”说这话时，一定要有神圣的音乐为伴——音乐里的水和月光会洗去你话语中的锈。

79. **水**。水，盐，这些最基本的生活元素，在今天都是需要怀疑的。诗人于坚在一篇文章里面表达了这样的忧患。

80. **于坚**。作为“第三代”诗人的代表，于坚的诗歌（短诗）我历来持保留态度，他的语言比较平（长诗《0 档案》《飞行》另当别论）。我尊崇他是因为他的文化随笔、诗学随笔，其中有当下诗人作家中较为罕少的原创性思考。

81. **原创**。某一期《城市画报》上有一句话说得非常好，中国不是缺少创意而是缺少感情——大意如此。没错，现在的小创意、小发明、小看见真是太多了，而且常常被当作什么原创而让有关人士沾沾自喜。什么是原创？至少，它是在这个意义上而言的——回到人类精神源头去重新思考并有所发现、有所创造、有所更新。任何有原创性的东西都是文化发展变革所绕不过去的。它来自热爱，来自人对人世间、对文化以及对自己的单纯而深邃的爱。

82. **爱**。直到这里，爱才出现。在爱的面前，我总是反应缓慢，手脚笨拙。

83. **笨拙**。日本作家渡边淳一有一本新书叫《钝感力》，写的还是性、爱与死亡。“钝感力”是他生造的一个词，相对于“敏感力”而言，意思是不要什么事都反应迅速，可以迟钝些、笨拙些，这样才能从容、平静。日本前首相小泉在一篇文章引用了这个词来告诫现首相安倍，不要过于在乎民众的支持率。有趣的是，小泉的文章发表后的第二天，《钝感力》销量迅速飙升，现已超过100万册。

84. **死亡**。死亡只有横竖之分。有的人横着死，有的人竖着死。横的死人和竖的死人构成十字架，庇佑热爱他们的人不死。

85. **十字架**。有的汽车的方向盘中间就有一个十字架。但愿，神永远在。

86. **汽车**。我只想说公交车。公交车上大多有这样的提示：“请给老弱病残孕让座。”我的理解是：给“老”、“弱”、“病”、“残”、“孕”这五个词让座。

87. **孕**。我想起了一个浑圆的肚子。她叫作“母亲”。我还想起了山与水。她们是一家人，所以她们彼此为神。

88. **浑圆**。这是我的身体所没有的一种形态。这加剧了我对你的浑圆的迷恋。

89. **迷恋**。我不得不说，你的身体的荡漾感隐伏着某种奇迹。这是一个和谐身体所不可或缺的。这让我更加迷恋这个世界。

90. **荡漾感**。更多的时候，这种身体的荡漾感来自人的耳垂。也许我们都没有感觉到，当我们亲密接吻的时候，耳垂会呼呼呼呼地扇动起来。耳垂是最为称职的爱情拉拉队。耳垂也因此会暴露一个人的爱的秘密。

91. **耳垂**。我曾经写过一首题为“耳垂”的诗。只是我现在已经找不到这首诗的原文。我丢失了我的耳垂。再也没有什么可以为我的爱情鼓掌和作证。

92. **原文**。我还写过一首（组）诗叫《爱情原文》。当你得以拥抱“原文”的时候，那便意味着每一个细胞的充分打开，它们如同贪婪的鱼，在字里行间吃着海。而原文的丢失让耳朵变得僵硬、茫然，它渐渐地听不到当年回响在某一个校园的某一间教室的小音乐。

93. **耳朵**。上周五晚上参加“生命化教育研究网站”的在线讨论时，因为谈到“倾听”的话题，我说应该有一套献给耳朵的保健操——“耳保健操”。相对于眼睛而言，耳朵一直是喑哑的、不被关注的，似乎一直是平安无事的。难道我们要等到像现在这样眼睛的问题令人触目惊心的时候，才开始重视孩子们的耳朵健康的问题吗？有谁知道，那些只有噪音而没有鸟鸣的城市孩子的耳朵，它的听觉所感知到的是一个怎样的世界？

94. **耳保健操**。早操是身体的运动，眼保健操是手指的揉摩，而“耳保健操”该是怎样的呢？至少，它应该有这样的一个环节：倾听自然的声音。那么，教师可能要增加一项有趣的工作：收集、保存和播放鸟鸣、风声、雨响、泉水的叮咚……

95. **工作**。教师的工作有一个基本内涵，那就是尊重和保护孩子的生命尊严，它天然地涵括了尊重和保护耳朵作为一个身体器官的尊严。

96. **尊重**。我尊重从我体内渗出的每一滴汗水，我几乎舍不得拭去它们。作为我的身体的一部分，它们以女性的方式透露了我的痛苦与勤勉。

97. **渗出**。每一个语词的渗出都历尽苦难。每一个语词的渗出都带出了它所由以成长的故乡与土壤。我们看到一个语词，实际上是看到了身体渗入语词后的变化，看到了时间的倒影在语词身上的流转、收缩或延宕。

98. **倒影**。我的倒影缺乏流行的趣味。它更适合于怀念、回忆，暗自神伤。它代替它的实体保持住一点点必要的潮湿。

99. **流行**。我更喜欢不流行的东西。它们是一些要用人性中的激奋、悲悯、仁爱这部分去靠近的事物。哈耶克说，“一个经济学家最重要的就是必须要有成为‘不流行’的勇气”。这话适合于所有有灵魂担当与精神使命的人。

100. **灵魂担当**。灵魂似乎会飞。灵魂替代身体说话——当你深深爱着的时候啊，灵魂多么葱茏，让身体一次次破晓而出——这是必要的灵魂担当。

101. **破晓**。我想起了我的诗句，“这深夜的河水有孪生的姐妹//所以必须用上两岸村庄所有的黎明/才足以习得一次准确的破晓”。有那么几天，我都沉浸在对“破晓”的叹息中。

102. **叹息**。先于哭声发生的，是长长的叹息——每一个新生命的诞生，都伴随着某种不满与忧郁，它引起了母体的一回又一回的阵痛。

103. **不满**。海总是不满的。而“死去的朋友在海面上歌唱”。你可能看到的，是那些不愿回头的浪花。而我总在午夜归来。

104. **午夜**。假设给我一个午夜。或者，用午夜去假设黑暗。这样我才可以说：“在阳光照不到的地方，有更大的光明。”

105. **假设**。谁知道呢，谁知道昨夜我想跟你说什么。既然我什么也没说，既然我已经把你和我的青春时代联系到一起，那么你可以假设，我们已经相识了二十多年。这样，当我们再次相遇的时候，我们就开始热恋。相信我，“我的手和春天有同样的血液”（伊迪特·索德格朗）。

106. **春天**。泰戈尔说：“春天开过花就走了。”谷川在诗里写道：“除了春天禁止入内。”就是这样，无法摆脱与春天的纠缠不清。就是这样，春天与其所拥带的词群参与了诗人的灵魂斗争。

107. **禁止**。你禁止不了一个诗人的固执和抵抗。“这个人，始终被小人们视为小人；这个人，始终被巨人们视为巨人。”这是印在《诗歌与人·俞心樵诗选》目录页上的一句话。今天我收到了这本书。今晚，“你可以仰起脸来受我一吻”（俞心樵诗句）。

108. **固执**。这些天，上班路上，那几棵梧桐树总是落着叶子。它们来不及热，它们用叶子表现自己的固执。而我来不及数，我用我的叹息学习它们的固执。

109. **来不及**。“简单的门之外，总是有人来往于他们的地理学：服务，消费，交谈，讨价还价……这些，与我们无关。好日子有好日子的质感和秘诀。像今夜来不及前进的温暖。”那年六月，我写下这样的句子。它们保存了我在那年六月还来不及温习的县城式浪漫。

110. **县城式浪漫**。大概，县城式浪漫，就像挪威诗人埃弥尔·伯依松所写的：“我们很近，你那疲倦的手/能在黑暗中找到我的手。”这是他的《晚年》一诗中的句子。而小小县城，几乎没有什么“晚年”的气息。在你最美丽的时刻，我把你的手握在了我的不知疲倦的手中。这样，我也就握住了整个县城式浪漫。

111. **握住**。握住，握住，握住……只有你知道，我握住了什么，但你无法说出——你总是握住自己的坏习惯，并引诱我一点一点去接受她。还有什么，必须在第 111 条再次把她握住？恰恰是，我们早已被那些时光紧紧握住……

112. **坏习惯**。诸如，你这样建议："一年接吻两次，一次半年。"诸如，彼此容许有七八个坏习惯，那么，我只留一个：抽烟——其他的都给你。其实呢，不抽烟才是最糟糕的坏习惯。

113. **抽烟**。琼瑶的中学语文老师是一个烟鬼，而且吐得一口好烟圈。他可以把烟圈套在琼瑶的脖子上，那烟圈会着了迷似的，久久不肯散去。就是这个含有微毒的烟圈，如同一朵"恶之花"催生了琼瑶的初恋。当然，琼瑶的文学感觉也是在那个时候被打开的。你无法否认，一个人的艺术感、文字感，总是通过与其生命中的某一个透骨的细节相遇而得以显现。

114. **相遇**。那一个晚上的在线讨论中，我在键盘上敲下了这样一句话：我用我灵魂中女性的那部分写诗，用人性中激情与热烈的那部分和你相遇。

115. **写诗**。这是一个困境：写诗。语词的困境，对话的困境，生活的困境，凝视的困境，发现的困境，灵魂的困境……所以也是一个业余的困境，乡下的困境。写诗因此成为对写诗本身的突围。

116. **凝视**。我突然感到沉重。这个词，让我沉重：凝视。词典上说，"凝视"就是"目不转睛地看"；词典上说，"目不转睛"就是"眼珠都不转动一下”；词典上说，“眼珠”即“眼球”，就是“视觉器官的主体部分”；词典上说，“视觉”就是“由光源直射或物体反射的光线作用于视网膜所产生的感觉”……够了，词典，你这些生理意义、物理意义上的说明，和“凝视”有什么关系！在我的词典里，只有这样的凝视和心灵有关：我对“你”的凝视，死神对世界的凝视——因为和心灵有关，凝视才得以成全其自身。

117. **目不转睛**。它不是凝视。它只是视觉器官的悄悄停驻。它看着，但什么也无法看到。

118. **看到**。你可以看到什么？你所看到的其实都是知识的、经验的、历史的东西，而不是事物的本真。

119. **本真**。本真在彼岸。所以有此岸的苦难、迷茫和不安。

120. **此岸**。此岸总有很多负累、焦虑、错位、分裂、落差、骨折、哮喘、皮肤病、风湿疼痛。因为此岸是体系之物、制度之物、知识之物、描述之物、“看见”之物。你脱离不了，超过不了。所以有时，转身即为彼岸。

121. **皮肤病**。人的肉身疾病会直接反映在皮肤上。而人的心灵隐患加剧了皮肤病的日夜操劳。

122. **皮肤**。忘了哪位诗人说的，“要像青蛙那样保持皮肤的湿润”。

123. **湿润**。湿润是皮肤的美德。皮肤的湿润意味着内心的丰沛。而我的内心总在远处，因此某一处的皮肤显得过于多汁——这里，集中了我的湿润。

124. **多汁**。文字也是应该多汁的。多汁得汪洋如海，让你一次次落水、呼救，转危为安。

125. **呼救**。大致如此：我用文字为世界呼救，在文字中拯救自己。

126. **文字**。我的文字是如此固执而忙碌：想象，热恋，散步，仰望，癫狂，行窃，驳辩，起义，呼吸，愤怒，悲伤，仰卧起坐，跳绳子，被囚禁，追问，下乡，倾听，发呆，绝望，做鬼脸，寻找韵母，反叛，前仆后继，翻阅故土，诵读死亡，迎接并赞美一个人的夜色与早餐……

127. **下乡**。这是一个我比较不爱说的词。下乡，或者下校——它们都是恶劣之徒。谁给你“上面的人”的身份优势？当时在县里的教育行政部门工作，下乡是经常性的。下乡，大家都这么讲，你也就无法在常规工作的范畴内用反常规的语言说话。我只有注意不要让自己的话语、口气、说话的角度“下乡化”。“下面”的人一般是谦恭、敬崇的，有的甚至是自然而然地阿谀奉承，他们总是有一种受检查、被验证的心态。我与之保持着必要的距离，把下乡当回乡——本来，我就是一个基层的人。

128. **基层**。基层本来是最为靠近土地的，现在布满艰苦、辛酸、无奈、被压榨、被抽筋的话语意味。

129. **土地**。闽南乡下，村头地头，大榕树下，随处可见用小神龛供奉着的土地公。这自然是乡里人敬畏神、敬畏土地的一种方式。有些话，他们不跟人说，只找土地公倾诉。

130. **榕树**。家乡老朋友林贵平，务农，闲时爱用钢笔画榕，拜访过四乡八里的名榕老榕。现其作品已成一格，偶尔卖出几幅，让生活锦上添花。家乡东山岛，有村居必有榕树，有榕树必有贵平。他有一个愿望：画一幅百榕图。我听说他已画了六七十棵。钢笔画之，勾之勒之，涂之抹之，那密集的叶片、曲折的枝干、苍劲的根头，该费去他多少的精神气！还好，林贵平不是焦躁的人。作为其所在村子的标志性人物，他总是显得不慌不忙，似乎生活已经够他满意。

131. **林贵平**。我还在家乡做事的时候，有一次林贵平住院，我去看他，他正酣睡，一边输着血。突然，我发现他的另一只手竟趴着几头蚊子，肚子鼓胀得发黑。我叫来护士，说：“血都输给蚊子了。”最终，院方作该血免费供应处理。

132. **护士**。用智能 ABC 输入法敲下“HUSHI”后，出现四个词：忽视，护士，虎势，胡适。

133. **忽视**。有时候，你需要忽视一下自己，让别人把你融化、同化。确实如此，不要每时每刻都过得像自己。

134. **自己**。有一天看电视，有关二十年前《让世界充满爱》这首歌的创作与演唱的一个专题。节目中歌星们亦说亦歌，真情流露。久远的回忆，让他们善良、诚恳。而这句歌，让人无语凝噎：“让我轻轻捧着你的脸，把你的眼泪擦干；这颗心永远属于你，告诉我不再孤单……”我是从中听到了自己的粗糙与细腻抒情的缺乏。套用萨特的话语方式，应该说，在内心与歌声之间，不是寻求呼应，而是熊熊燃烧。

135. **燃烧**。我不知道我和燃烧还有多少的距离。今天我刮去唇上的那一片胡子，是为了让下巴的一撮长得像燃烧。

136. **下巴**。下巴属土。你不说的话，下巴都为你收藏着。有一天，这些你不说的话依然要发芽。所以你可以这么认为，我下巴的胡子就是我还来不及跟你说的话。

137. **胡子**。所谓“蓄须明志”，胡子也是有文化的。这让我想到那些孤绝的女子，不是青丝寸断，就是长发飘飘。须，发，毛，这些阴性的事物，常常担负起生命的决绝与弃离。

138. **青丝**。几乎，《西厢记》，《聊斋志异》，都有青丝缭绕。它们有大的慨叹，大的忧伤，大的潮湿。二胡之器，天地二弦，弹的大概就是凄凄青丝。它们在如霜的月色中悄悄白去……

139. **白**。你可以看见我头上的白。这白是悄悄爬上去的，有着爬雪山过草地的执着与悲凉。我珍惜我头发中的白。它提前实施了我的慈祥。

140. **提前**。诗可以提前年轻，可以提前醒来，可以提前爱。

141. **年轻**。年轻比较合乎懒觉的节奏。不急着睡，不急着醒，不急着哭，不急着爱。有时显得没心没肺——这不是年轻的缺点，这些心啊肺啊什么时候说有就千军万马地出现并没头没脑地扑向你的怀抱然后把你淹没把你收拾得二干一净。

142. **缺点**。在接受某媒体的采访中，崔永元说："这个时代缺少聪明人。……'小聪明'基本上就是一个缺点。"老崔这话，是针对文化界尤其是影视圈而言的。在类似的语境中，肖川先生说："只有小聪明，没有大智慧。"

143. **时代**。从诗歌的角度看这个时代，卑琐、混杂、空虚、势利、焦躁……这些当下的文化病症不断地侵蚀、解构着大批大批所谓"诗人"那本来就很孱弱的精神支架，而只有诗歌语言自身，通过少数的有自己灵魂立场和言说信仰的诗人，在努力地突围，在努力地吸纳和消化时代的慵懒与精神疾患，"重获语言和词语未受损害的命名力量"（海德格尔），并以新的节奏、新的结构、新的支点、新的语境，发展、丰富和提升汉语的内力、精神涵括力和智慧输出力，重塑这个时代的个性与尊严。十年前我发表在《文学报》的一篇诗学随笔中所提出的"语言的自觉"的命题，因日渐"边缘化"而更显先锋、尊贵，不依不饶。

144. **尊严**。在整个大时代文化的风起云涌与新新顿起中，教育显得有些猥琐、疲软、无奈、小家子气。一方面，教育是基于人、面向人、为了人的事，它需要慢慢去做，悄悄去改变，潜滋暗长地去产生作用；另一方面，也是更为重要的一方面，教育自身缺乏有力的哲学支撑和明亮的信仰烛照。它总是犹豫不决，前顾后盼，左右摇摆。所以，在强势的政治文化、经济文化、市场文化、大众文化面前，教育是没有什么尊严可言的——它常常处于被控制、被篡改、被抽血、被耍弄、被嘲笑、被“验收”、被纠正的境地。

145. **烛照**。内心没有光，也便得不到烛照。

146. **光**。光既是照亮，也是回答。神在其中说，要用你未受污染的目光去看，这样，世界才是真实、朗亮的。

147. **回答**。诗也许回答不了“什么是诗”的问题，但它可以明确地告诉你，什么不是诗，甚至可以“大言不惭”地说：“诗为美学开辟了道路。”（西奥多·齐奥科斯基）而教育却喜欢纠缠于“什么是教育”的问题，也试图就此问题去作出自己的回答，最终却连“什么不是教育”的问题也说得非常勉强。

148. **教育**。教育必须克服先锋欲。

149. **先锋**。所谓“先锋”，大体上说就是“先‘疯’”。这个 20 世纪八九十年代最为显豁的艺术话语，现在令人警惕，现在很多文字能避开它的都尽量避开。这也难怪，太多的伪先锋已经让大家对“先锋”失去了信心和信任感，这也影响到一些人一先锋就心虚。问题的关键在于，没有人“先‘疯’”，没有人去打破那些规范的制度的已成定论的大家都认为是对的东西，整个文化必然趋于板结。“先‘疯’”，首先一点就是不妥协。用萨义德对知识分子的定义的话说，就是面对权力说出真话。没有这种“先‘疯’”气质，所谓的知识分子，也许都是需要质疑的。

150. **疯**。我们所要做的，就是允许并宽容一小部分人先“疯”起来。

151. **我们**。编稿子的时候，有时会遇到一些“我们狂”。明明是他自己一个人的想法和做法，却非说“‘我们’怎样怎样”不可。一方面，是因为习惯了集体的声音，不知道文字中有一个“我”字；另一方面，是因为“代表欲”，总认为自己所说的那些可以代表大多数人的意见；再一方面，是因为心虚，拉虎皮做大旗，似乎必须用“我们”才有说服力。对照一下自己，其实有时也犯这种毛病——我的病因是：第二条，“代表欲”。嘿嘿。

152. **毛病**。这是什么毛病——“我认识的人越多，我越是喜欢狗”。这话是我在作家陈染的文章里读到的，也不知道她引自何处。

153. **狗**。没钱的人狗是养来看门的，有钱的人狗是养来宠爱的。狗现在的身份比较复杂。

154. **身份**。身份是一种社会定位，社会定位的后面有一套描述，描述的后面有一种价值观，价值观的后面是人的理解，理解的后面是人的表情和口气。比如说，我的身份是诗人；那么，大体上就有这样的描述：诗人是疯子，是酒徒，是风流鬼，是破坏狂，是浪漫主义者，是写分行的东西的人……它所反映的价值观是：诗人总是有不一样的生活；接着，此时，人和人的理解的问题出现了——用二元论说，有两种：一是这种生活有意思，一是这种生活有病；于是，便有两种不同的表情和口气：或赞赏、尊重，或睥睨、不屑。如此这般下来，真是“人面不知何处去”啊。所以，对每一个个人来说，他的身份常常是不可靠的。或者说，当你以一个人的身份去看他的时候，你可能已经离题万里了。

155. **离题万里**。作文评价中有一个常用的贬义词：下笔千言，离题万里。这是典型的“主题主义”下的评价话语，对于话题作文，它当然是失效的。事实上，很多原来盛行的作文话语都是需要重新考量的，诸如“巧妇难为无米之炊”（作文中没有生活的“巧妇”，只有语词的劳动者），诸如“无病呻吟”（有病谁不会呻吟啊），诸如“真情实感”（是你所理解的集体主义真实性还是我内心所独有的情感），诸如“遣词造句”、“谋篇构局”（典型的技术主义，一副高高在上的嘴脸。谁给了你“遣”词“造”句“谋”篇“构”局的权利？你所应该做的是丰富自己的内心，听从语言的召唤）……

156. **作文**。为什么有那么多的语文教研员总是特别地强调作文不是文学，教作文不是要培养作家、诗人？我不止一次地听过或看过这样的观点：要防止作文的文学化。而且，有越来越多的人拿美国的作文教育作为印证，说什么人家的作文都是引导学生去查资料，去做调查，去找论据……乖乖，人家有的是实证主义的文化传统；再说了，人家是在尊重学生个性和鼓励学生想象的前提下去命这种非常实在的作文题的，这和我们根本就是两种不同的语境中的事。“虚”的虚不了，“实”的实不来，虚虚实实之间，中国作文教育真是找不着北啊！

157. **语文教研员**。当年在县里的教育局做事时，我常常就是以语文教研员的身份“下乡”的，包括参与学校的活动、给教师开讲座、组织读书活动、听课评课等。回想起来，我当时的心态大致是：我是一个读书人，一个语文教育的关注者，一个教育改革的亲历者。

158. **教育局**。在东山县教育局忙忙碌碌、小有成就的六年时光里，最值得欣慰的是，我可以一直保持并不断强化自己的艺术幻想。虽然最终选择了离开，但它所撑起的人性山峰至今我还没有超越。那里有美好的山谷，久远地回响着我三月的叫卖声。

159. **艺术幻想**。照梅洛·庞蒂的意思说，艺术家用感官来接近世界，并用独特的语言来谈论这个时代，揭示那个不可言的世界。所以，每个时代都通过自己的艺术幻想，为自己寻找自己的历史之根，寻找人类家园的原初意象。

160. **梅洛·庞蒂**。庞蒂是20世纪与萨特齐名的法国哲学家。作为最著名的知觉现象学家，他认为，哲学可以被看成是一种深刻的艺术，而文学和艺术是对各种事物真相有深度的揭示。只有通过知觉感觉到的，才能被体验到；而只有知觉到的，才能被把握到。……事物的真相或者是现象的本质直观，永远是因其隐蔽而获有其神圣的状态，只有人的知觉才能赋予人的灵魂以光辉——因为这些话语，我对“知觉”有了哲学意味上的触摸。

161. **哲学**。哲学常常需要借助艺术、诗歌来解读世界，以更有意思地表达神秘与深刻。《共产党宣言》的第一句话就是：“一个幽灵，在欧洲的上空飘荡。”诗带出了马克思、恩格斯对一个政党的美好描述。

162. **欧洲**。因为有巴黎，欧洲显得如此多情，令人想象。作家冯骥才在一篇文章里介绍过他在法国的一个见闻：有一次他在巴黎的街头，看见一对青年男女在街道中间接吻，堵住了来往的车辆，司机同志们都不约而同地刹住了车子，静静地等着。直到这热恋中的人完成他们的爱情仪式，车流才缓缓地动了起来……或许，所谓“爱情之都”，就是在爱的面前，所有的规则、制度都隐匿到自身的暗哑里去。

163. **司机**。听过这么一个故事。一位小客车司机因为运营情况不好，心情一直比较糟糕。这一次他又上路了。也许是车况不好，也许是想多拉几个客，车子走走停停。车上的人渐渐不满了，又是抱怨，又是指责，有的甚至骂起娘来。一个老大爷站起来说："大家还是宽容一些吧，人家赚几个钱不容易。"而司机一言不发，只顾开他的车。当车走到一个山岭的拐弯处时，司机对那个老大爷说："你下车帮我装些水吧。"待老大爷一下车，司机突然加大油门，车一头往山崖冲了下去……

164. **故事**。我想起了另一个听来的故事。一个朋友在一家咖啡馆的过道接电话时，发现接待他们的服务员偷偷地往盘子上的一杯咖啡里狠狠地吐了口口水，他正要发作，突然想起刚才同座的谁对她大发了雷霆，说了一些不该说的话。朋友知道，这杯加了东西的咖啡肯定是给这个不冷静的谁的，而没有谁可以从咖啡中喝出口水的味道来。朋友走了过去，拿起那杯依然飘着香味的咖啡，说："这个给我吧。"服务员吓呆了，但她看到的是朋友谅解的、善意的笑脸，眼泪顿时吧嗒吧嗒地掉下来……

165. **服务员**。你总会遇到一些习惯于对服务员尤其是女性服务员颐指气使、习惯于在所谓的弱者面前显摆大爷相的人。如果不是欠教养的话，那他一定是因为长期的性压抑。

166. **显摆**。书面化一点说，显摆就是炫耀，但比炫耀恶劣多了。孔雀开屏是生理上的炫耀，公鸡翘尾则是心性上的显摆。孔雀和公鸡构成了这个时代的书面语及其隐喻。

167. **书面语**。作为我们对话的公约数或公分母，书面语几乎就是一场灵魂的灾难。为了让他人读懂并接受，书面语总是把你修饰成语言的太监。

168. **他人**。我信任他人胜于信任自己——这样我可以过得自在些。而语词除外。语词在天，自有神灵眷顾。

169. **信任**。A——你可以无数次地诅咒这个时代的虚伪，但一定要保持对这个世界的信任感。B——要永远信任你身边的人，用你的信任去激励他的诚恳，用你的信任去让他为自己偶尔的不诚实而羞愧——尽管这不是你所愿意看到的。

170. **羞愧**。有时候我会言过其“词”，有时候我会比生活多出几个形容词，但我不会因此而羞愧。

171. **形容词**。动词剧增，形容词锐减。这个时代，过于强调行动、实施、做，因此那些美好的、充满想象的形容词越来越失去激发美好、打开想象的力气。

172. **动词**。在我这里，爱是动词，也是形容词。爱因为是动词而有了责任，因为是形容词而有了光辉。你可以看见，爱还是一个名词。作为名词，爱就是家，就是神，就是美好的晚餐，就是不健康的生活，就是你和你的坏习惯。

173. **健康**。健康不是医学意义上的没病，健康是不皱着眉头生活，不板着脸孔说话，不耷着肩膀走路，不怀着心事睡眠……

174. **生活**。有时候生活宣判给你一点午后的阳光，你要懂得以之去迎得一个城市的美好夜色。

175. **午后**。午后有着适合于死亡的气息：光辉斜放在慵倦的心情上……午后不要阅读，不要思考，不要吵架。

176. **气息**。此刻，你的气息难免腥臊，这严重影响了我的文字的生态——这些披头散发的旧事，这些纠缠不清的技巧。

177. **技巧**。我在《食欲》一诗里造了一个词：闽南技巧。事实上是我把你当成了整个闽南。这一片精神乡土，喂养了我的灵魂、爱情、文字、笑容以及必要的跳跃技巧。

178. **跳跃**。布罗茨基说，人要有“关键性的跳跃”。我的理解是，没有这种关键性跳跃，人的精神品质只能像钟摆那样处于低水平重复的状态，并随着身体的变化最终孱弱、萎缩。人的成长，需要与“重要他者”（某个具体的人，某些可怕的文字，某种微妙的不幸……）的相遇，并产生激荡性的呼应。人性的奇迹总在这种相遇中发生。

179. **不幸**。这些蔚蓝色的不幸，不断地展开它自己的固执与灿烂。“我听见死去的朋友在海面上歌唱。”这是我写过的诗句。文字的不幸更加让人惊心动魄。

180. **灿烂**。“你笑得无比灿烂。”当我这样说的时候，你笑得愈加灿烂。这是一个语词对一个语词的激荡，是赞美对美的激荡。

181. **笑**。我天生一副拒人于千里之外的嘴脸，面部肌肉过于简单，缺乏变化。所以我每次都笑得很努力，但总是无法恰到好处。

182. **肌肉**。肌肉，肉，肉肉，我的肉肉。挑一个吧，让我用它称呼你。身体和感情，彼此打开了每一个毛孔。

183. **毛孔**。老祖宗告诉我们，晚上不要修眉、刮胡子，不要动身体上的每一根汗毛。也许你不知道，夜深人静的时候，每一个毛孔都会打开它们自己的雄心壮志，它们吸纳着如水的月华，与之交换咒语和手势。它们的劳动让你清晨醒来有些微的疲倦，而你的皮肤已顺利迎来又一天的日和光。

184. **雄心壮志**。如果我有雄心壮志的话，那么，它就是：做夜色的好孩子。这是我现在唯一可以明确告诉你的。在世界的流变之中，只有它保持必要的静止和长时间的停顿。

185. **停顿**。无意中读到陈弋老师（就是那个有些自恋的花仙子）到重庆参加全国教学大赛时说过的这么一句话：“我觉得我不是去教孩子们的，我是去爱孩子们。”我停顿下来，仿佛看见了某个奇迹——我甚至得说，没有这种停顿，我几乎就是不道德的。

186. **自恋**。在希腊神话中，水仙花是一个自恋狂因为迷醉于自己水中的倒影最终落水而死后化成的。这种花盛产于漳州龙海九湖。这个闽南小镇，也许就是希腊古城的一个倒影。在我还不知道这些之前，我就写过水仙的诗。我被水仙这个名字所迷醉。

187. **龙海九湖**。这是一个非常阴性的地方。除了水仙花，还有荔枝树。我去过那里。一次是和几个诗友骑着自行车去找诗人子梵梅，沿途的亚热带植物高大绵密，她所在的中学躲在南方的荫影下，独自潮湿。另一

次是去一个叫林下的村子看校友，在她家吃荔枝，喝荔枝酒，说和荔枝无关的话。所有这些，都是十几年前的事了。很多声音纷纷退去，唯有龙海九湖阴湿的风依旧一次又一次强烈地拂过脸庞。我的这个校友后来成为一个优秀的小说家。听子梵梅讲，她现在漳州某知名中学教书。

188. **子梵梅**。子梵梅自称“九湖狐”。虽然她已经离开了九湖，但这个名字还是把她留在了九湖的潮湿里。你必须清楚，狐是一种万千风情来自回眸一看的动物。

189. **狐**。我估计，狐狸是一个统称，包括狐的一类和狸的一类。我不想去查什么“有关资料”，我保留并相信这种必要的猜测。在我的理解中，“狐”和“狐狸”的情绪色彩、美学意蕴是截然不同的。“狐”总是带着孤绝、幽深、神秘、多情、凄凉的冷骨。“狐”常常化身为聪慧的女子，对人世间充满好奇和热爱，但最终都难以摆脱别离的运命。而人呢？是否也有奇绝的女子曾经化身为狐再返身为人？也许我应该瞪大眼睛，去找寻这种可能的奇迹。

190. **找寻**。这密密匝匝的人群，让我的找寻艰难而神圣。

191. **人群**。我比较不喜欢那种人头攒动、摩肩接踵的景象。人群会对你的“自身的最深处”构成填充、塞满的威逼。

192. **摩肩接踵**。这就是我和你的不同。你总是乐于在摩肩接踵的世界中沉迷。也许这还包含了你的诡计："你必须把我从百花丛中挑选出来……"

193. **诡计**。以自身的芳香否认整座花园的开放。这是花的诡计，可爱，夸张，让人感官迷失。

194. **夸张**。就语词而言，夸张是其撑开世界、拓展灵魂疆域的一种修辞力。

195. **修辞**。一些流行的修辞术也是需要警惕的，诸如，"啊，大海都是水！""这是一道靓丽的风景线。""夏日的阳光虽然灼人，你的到来恰似和煦的春风""人，诗意地栖居。"……

196. **栖居**。"人，诗意地栖居于大地上。"这个海德格尔（原话出自诗人荷尔德林）所提出来的显豁整个 20 世纪的哲学/诗学/精神命题，因为被中国房地产话语的反复修饰与篡改，已经日渐面目可憎。在无处不在、威风八面的中国房地产面前，没有大地，只有地皮；没有栖居，只有住宿；没有诗意，只有无奈；没有人，只有房奴……

197. **房奴**。什么时候应该写一首歌，叫作《幸福的房奴》；或者是，以此为题做一部电视纪录片。

198. **幸福**。昨晚和张文质老师聊天，他说了一句很有趣的话：“看到别人吃的是树叶，吃肉的人才会觉得自己是幸福的。”

199. **昨晚**。苏格拉底认为，我们的生命不依赖于我们生活过的时间而依赖于我们好好地生活过的时间。比较于今日，昨晚显然更倾向于是“我们好好地生活过的时间”，所以“昨晚”总是更适合于生命的展开、延宕、突进。当我们回忆刚刚过去的昨晚，无数个“昨晚”会随之蜂拥而至——这样，生活也许混杂了些，而语词却能获得多声部的效果。

200. **多声部**。这是D的短诗《早读》：“正是那来不及的耕犁和滋润/深埋了一个艰苦的代词/当我踏上十月的沃土/这一些：告诉我如何难堪/底页没有人停靠/合上，我站在神的面前/再也不想说些什么/我要轻轻，轻轻地/拂去上面的灰尘/寒冷是我原地上持久的想象”。我作了这样的解读：D总是顺乎自然而又出人意料的。这首诗，一行一行下来，有一种深刻的无奈（“一个艰苦的代词”）和难言的忧郁（“底页没有人停靠”），意绪的流动是顺畅、平静的，而当她臆想中“拂去上面的灰尘”的时候，奇迹出现了：“寒冷是我原地上持久的想象”。这大致可以看作是一个“发呆者”的形象——站在那里，一言不发，是对某一个心灵瞬间的默哀。事实上，在这短短十行诗句的后面，隐隐约约地还有一本“书”；或者说，D是通过这首诗完成了和一本“书”的一次对话。所以，她把这首诗命名为“早读”——当然了，这里的“早读”

是生命的自问自答。也正是有了一本暗中的“书”，这首短诗才显得丰满、自足，有一种“多声部”的表达效果。

201. **早读**。在学校课程表上，早读是一种非课程形态的课程描述，另如自习、课外活动等，亦也。在语文、数学这些冠冕堂皇的课程（课、学科）面前，它们显得比较边缘、害羞。似乎是，早读最为靠近传统学习，有一点闻鸡起舞的味道。我热爱早读的童声，更热爱早读一词所打开的校园阳光。

202. **童声**。我所喜欢的童声一定是为音乐而音乐的声音，天然，简明，魅惑，最大程度地打开，保留着人类童年时期倾听世界时的宁静与虔诚感。

203. **魅惑**。近段时间，俄罗斯魅惑男高音维塔斯的声音风靡中国。这位极具妩媚中性气质的 80 后男生，几乎就是一个传说中的人物，他可以横跨 5 个八度，音域接近超声。2000 年他 19 岁时，成为历史上在克里姆林宫举办过个人演唱会的最年轻的歌手。据说在演唱《歌剧 2》时，他的高音震落了演唱大厅里一盏水晶灯的一颗水晶星星。所以有传言说他生有腮，可以像鱼那样在发出声音的同时换气；有的传言干脆就说他是先贤转世，甚至是外星人或者精灵。

204. **中性气质**。正因为维塔斯具有可怕的中性气质，所以很多人都联想到欧洲十七八世纪红极一时的阉伶。当时的欧洲，教堂里禁止女性说话，也不允许女性唱诗，而人们对于高音又有特殊的癖好，于是，教堂唱诗班就以男童代替女声，可是男童到了发育期会变声。为了适应演唱复杂的圣咏作品，加上歌剧的兴起，阉伶应运而生。据有关资料介绍，阉伶一般在 7 岁至 12 岁被施行阉割手术，只除掉睾丸，成年后既有男子的体格与肺活量，又能保持童声时期的声带和喉头。经严格声乐训练的阉伶，肺活量和横膈膜支持力惊人，一个音可以保持延续一分钟。巴洛克时期有一个著名的阉伶歌手，可以在一次呼吸中变换 250 种音调。后来人们拍他的传记片时，他的演唱部分只能通过电脑合成来表现。

205. **阉割**。那些被阉割掉的东西，它们将在多少年后、以什么样的方式，回到它们的母体？

206. **母体**。我们一直在寻找自己的母体，语言的母体，心灵的母体，精神的母体，痛苦的母体，梦想的母体……也许，我们都是被遗弃的孩子。

207. **遗弃**。我们必须为被我们所遗弃的事物负责。更多的时候，她们将以阴晦的、仇恨的方式影响你的生活。

208. **仇恨**。我的仇恨缘自我的理性。理性的刀阴冷如奈河之水，它切掉的又恰恰是人的爱恨情仇。

209. **理性**。帕斯卡尔是一个理性的诗人或感性的哲学家。当别人指责他所说的是人们已经熟悉的东西时，他说："玩球的时候，每一个人都是在玩同一个球，但却有一个人玩得更好。"在我从瓦尔特·延斯的《确定性！确定性！》这篇文章中读到这句话之前，我没有想到帕斯卡尔是这样一个有趣的人。

210. **帕斯卡尔**。帕斯卡尔有一句大家耳熟能详的话："人是一根会思考的芦苇。"对于这种被过度引用的句子，我常常不以为然。我更加注意的是，在帕斯卡尔那里，一直有"最基本的藏书"，诸如《圣经》，诸如《蒙田随笔集》。它们意味着老帕对世界、对自我、对未来的最基本的态度和期待。

211. **最基本的藏书**。我有最基本的藏书吗？如果有，它们是什么？

212. **最基本的**。最基本的朋友，最基本的去处，最基本的粮食，最基本的表情，最基本的口气，最基本的动作，最基本的语词，最基本的疼痛，最基本的幸福，最基本的皮肤，最基本的感觉，最基本的想念，最基本的忧愁，最基本的不满，最基本的欲望，最基本的习惯，最基本的寂寞，最基本的血迹，最基本的忏悔，最基本的羞愧，最基本的倒影，最基本的期待……我想，这些，大概，每个人都有。它们在暗中构成人的生活、身体、心情、立场与生命感。

213. **疼痛**。我撕开疼痛，而骨头一言不发——写下这一句，我突然觉得应该写诗了。整整一个月，我把所有的欢乐和苦难都用在这些小纸条上。

214. **骨头**。隔着皮肤与肌肉，我看见骨头充满“夜间的力量”。它一言不发是因为它支持和维护着生命的秘密。我们必须说，生命剩下死，死剩下骨头。

215. **剩下**。我是我自己剩下的劳动与丰收。我是我自己剩下的诗句：“像一头母牛的嗅觉保持着对青草的亲爱之心”。

216. **诗句**。这也是我自己的诗句：“在相同的时间，我骑上的是驴，而不是马/我更加热爱你驴一般的贪婪//向下说吧，这里有更大的回音和统治/壮美得可以步步退却，满怀惊奇。”

217. **贪婪**。贪婪缘自于热爱与信任——当然，这是一个人对一个人而言的。如果有“爱情学”，那么，贪婪一定是其中的一个关键性概念。

218. **爱情学**。基里尔·瓦西列夫的《情爱论》大致上是可以作为爱情学来读的。但它不是爱情手册，不是爱情地图，不是爱情指南，不是爱情参考书。车床上的技术可以学以致用，而床上的欢乐需要孤独与不快乐去打开。

219. **《情爱论》**。我是20岁左右读的《情爱论》。我记得瓦西列夫在书中表达了这样的观点：爱情需要不快乐，爱情需要薄薄的一层忧伤，需要一点点嫉妒、疑虑、戏剧性的游戏。

220. **20岁**。20岁的时候，我在哪里？我爱的是什么？这样的自我追问有点可怕。我的20岁无比青春，人见人爱。我现在想起来了，我的20岁穿着姐姐给我买的牛仔裤，我的20岁属于某一个乡村学校，我的20岁有很多和我差不多年龄的学生——她们白天打工，晚上上夜校。我教她们识字、组词、造句，我教她们唱《一无所有》《信天游》和爱情的歌，我教她们跳我自己胡编的舞蹈，我是她们的团支部书记和情感导师。

221. **爱情的歌**。我的这些成年学生最喜欢唱的就是爱情的歌。她们懂得的字很少很少，但只要歌词里面有“爱”、有“爱情”的字眼，她们三两遍就可以把整首歌学会。

222. **成年学生**。我无法忘记我的一个成年学生。她非常纯净、简洁，喜欢在暗处朝着我笑。后来别人告诉我，她有先天性心脏病。后来我出门读书去了。第二年回乡，我听到了这样的消息：她自杀了，因为疾病的痛苦……她的名字就是一首爱情的歌的名字，一首思念初恋情人的歌的名字，但我不能说出。

223. **先天性心脏病**。这种医学上的“确诊”真是可怕！什么先天性心脏病！病怎么可能与生俱来？在这个语词框架内，人不仅要向死而生，还要为病而活。所谓医学，就是把责任推给人，推给遗传，推给母亲？

224. **与生俱来**。只有两样东西是我们与生俱来的：爱与好奇心。

225. **好奇心**。儿童的好奇心就是对一切新的事物、美好的事物都怀有发现、接受、学习、感受的一种强烈的意愿。德国教育哲学家博尔诺夫认为儿童具有“明天性”，“这种‘明天性’就是快乐地向人类美好的、吉祥的未来敞开大门”（《教育人类学》）。

226. **敞开**。心灵与语词的彼此敞开让文字有更久远的回声。它们彼此为山谷，彼此呼唤与激荡。这是一个人的敞开所能创造的精神奇迹。

227. **精神奇迹**。没有精神奇迹/语言奇迹/灵魂奇迹/生命奇迹的闪现与展开，便无以为诗。在《诗歌的底线》这篇文章中，我用四个词来描述“诗”：发现，擦拭，保持，开辟——它们所有的努力都为了词的奇迹、想象的奇迹、表达的奇迹、体验的奇迹、意象的奇迹的出现。

228. **诗**。德国哲学家谢林说：“诗是人的女教师。”

229. **女教师**。“女教师”啊，我期待你的倒影在一本美好的书中重现，我期待有一本美好的书把你收藏。

230. **美好**。谁天生就是一个美好的假设，美好得可以不散步、不游泳、不腐烂，像境外的水土，你只能用一棵树去伸探。

231. **腐烂**。月色正在腐烂，而守夜人尚未出生。

232. **守夜人**。守夜人的不负责任导致了恶梦的反复出现。当你睡醒，如果是一副披头散发的模样，那一定要重新确认你的守夜人是否守住了你童年的不安与惊悚。

233. **睡**。我有一个老领导，打瞌睡的时候也是一副愁眉苦脸的样子，似乎他的生活被揉捏过无数次。常常是这样，睡的样子就是人生的样子。因此我也理解了他的郁郁不得志。

234. **揉捏**。教育也老是这样，处于被揉捏的状态，有时候干脆就是自己揉捏自己，在观念上尤是如此。那天听孙绍振老师的讲座，他认为“应试也是一种素质”，他的理由是“应试”关乎心理、记忆、临场发挥，后面他又加了一句：“应试是一种低层次的素质。”自有素质教育与“应试教育”的正面遭遇战后，“应试”便成为双方交锋的一个焦点，后来就有了“应试是一种素质”的论调，似乎是双方的妥协与心照不宣。如果真是这样，那么素质教育就内在地涵括了“应试教育”，而“应试教育”也可以在素质教育的框架里找到一席之地了。多么和谐的教育啊，一次非典型性的自我揉捏！

235. **“应试”**。在我看来，如果“应试”也是一种素质的话，那一定是一种伪素质乃至反素质，是一种破坏灵性、想象、个性和各种美好情感的素质。当一个人在“应试”的时候，他听从的是试卷的要求、考试的要求，是“应试教育”这个变态神的召唤。当一个人长期在“应试教育”的环境中埋头苦干的时候，他一定是“高分”的，而“高能”常常是因为歪打正着，或者遇到了既有“应试教育”战术又有素质教育战略的好教师——那些既高分又高能的人，我是如此地敬服！同样道理，如果说“应试也是一种能力”的话，那么它一定是一种伪能力乃至反能力。孙绍振老师说“应试也是一种素质”，是不是思想向现实妥协的一个临时性的结果呢？

236. **孙绍振老师**。从文学界到教育界，从呼唤新的诗歌美学原则的崛起到炮轰高考再到解构教参主义的文本解读，孙绍振老师一直是一个新思潮的鼓手，一直是诸多文学青年、教育青年的“劳动模范”。在那天的讲座中，他的微观语言分析给了我如何从关键语词进入文本的深刻启示；从语言、形象、情节回到人，回到人心，这种文学批评方法更透示了“文学即人学”的精神意蕴——只有回到人、回到人心，我们才可能去把握文学中的夸张、神奇、诡秘与魅惑。

237. **教育青年**。我是在文学青年的语境中来定义教育青年的。这是一帮有着热泪和热血、充满热爱和热忱、一身热气和热情的教育有心人。他们是满怀激情的勇士、意气风发的书生、追求深刻的智者、生命至上的成人。他们是教育的林中路和开阔地。他们在哪里，哪里就有别人的不安和警惕，哪里就有对一汪死水的击打和激活，哪里就有教育的展开和希望——那些慢慢氤氲的水和光，最终会回报给他们所由以立足和成长的土地。

238. **氤氲**。从“氤氲”这个词，我读到了一个孩子幸福成长的生命奇迹，读到了文字与爱情对人的生命向着一片新绿奔跑的悄悄引渡。我几乎脱口而出：春天来了，我还活着。

239. **奔跑**。我把奔跑的任务交给文字，所以她们越来越健美、冲动。我在文字中奔跑，却有更多的忧伤。

240. **健美**。我大体上是违背健美的规则的。我保留着人类的坏习惯，乡下人的坏习惯。

241. **规则**。在规则之外，必须保持内心的独立。事实上这是我的一厢情愿。我们无法存在于规则之外——内心也有其隐秘的规则。

242. **隐秘**。阅读常常就是一次隐秘的遭遇。一本书会告诉你这遭遇的幸或不幸。我必须承认，我的阅读缘自我的不幸。而我的写作把这种不幸、这种精神的不幸转化为某种修辞背景。

243. **背景**。写作，思考，言说，对话，都应该警惕背景太小或背景单一。要有不同语境的相互映衬、相互激荡、相互彰显，甚至是不同文明的相互质疑、相互臧否、相互厮杀。我不是在强调自己的多重身份，而是对自己的文化提醒。

244. **提醒**。对自己的提醒时刻都是必要的。要让自我提醒成为精神成长的激励机制、规约机制和矫正机制。

245. **精神成长**。能不能保持精神的青春期是精神成长的关键性问题。那些天真，那些萌动，那些多情，那些梦想，那些对美好事物的无限迷恋……精神成长不仅指向未来，还意味着对过去的保持，对过去的不断唤醒、激荡、敞开、照亮。

246. **青春期**。只要你的血还在流动，你就可以坚信，你的青春期依然蓬勃。

247. **血**。读到血——土地的血，母亲的血，乡村的血，爱情的血，生命的血，世界的血，落花的血，时光的血，夜色的血，语词的血……这是我的阅读期待。而我的血也参与了其中的氤氲或迸射。

248. **阅读**。关于阅读，1987 年诺贝尔文学奖获得者、伟大诗人布罗茨基在受奖演讲中说过一句几乎是满怀悲愤的话："……在这些罪过中……有着更为深重的罪过——这就是鄙视书、不读书。由于这一罪过，一个人将终身受到惩罚；如果这一罪过是由整个民族犯下的话——这一民族就要因此受到惩罚。"他还说："当我们将这些长方形的东西——这些八开、四开、十三开等等等等的东西一一传来传去的时候，如果我们设想我们是在用双手抚摸我们实在的或潜在的骨灰盒，我们是不会出大错的。"（《文明的孩子》）

249. **布罗茨基**。从书本到“骨灰盒”，布罗茨基大概是强调了对阅读的敬畏感，强调了阅读可能带给生命的从容与灵魂的安定。

250. **强调**。要让阅读成为生命的直接冲动。这是每一个生命化教育者所应该自我强调并积极践履的。“阅读是一种对话，在书籍中你可以一次次地与人类那些伟大的灵魂相遇、交流；阅读是一种反思，在书籍中你会不断发现自己的局限、脆弱与无知；阅读是一种敞亮，在书籍中你内心的田野将一次次地春暖花开、豁然开朗；阅读是一种成全，在书籍中你的生命必然随着时光的推移而不断强大、明亮起来。”这是我对阅读的一次比较笨拙的排比式描述。

251. **排比**。在修辞技术中，排比确实是比较笨拙的一种。那种整齐划一的句式，大致呈现为三种语词景观：并列，递进，交互。如是叙述，则推波助澜；如是抒情，则排山倒海；如是议论，则摧枯拉朽（瞧，我又“排比”了）。读起来有气势，有节奏感，有规模效应。实质上是思维的偷懒，是自我的模仿和复制。长此以往，则成言语习惯，难免走向能指下滑，语词游戏，为排比而排比。

252. **偷懒**。那些陈旧、机械的排比、比喻、拟人、夸张，都是思维偷懒、思想混浊的结果。作为文学修辞，它们是为了语言奇迹的出现而存在的，纠缠其中的是写作者的心性深度和语词功力。它们往下走就是意象、变形，是超现实主义。诸如这样的诗句："月光是伏在屋檐上的猫。"几乎就是文学修辞的集体叫春。

253. **叫春**。我比较喜欢这个词：叫春——不是因为它所蒸腾着的生理腥臊感，而是"叫"和"春"之间相互激荡、延绵不绝的语词张力。当然，猫是不会这样看的。

254. **猫**。善于叫春让猫闪烁着一种强烈的魅惑感。它用嘤啼的声音叫出了整个深夜的不安。不是男高音和女低音的斗争，就是女高音和男低音的纠缠。

255. **女低音**。女低音有一种很强的下坠感。女低音歌唱家有一个柔韧的猫的腰。她们是魅惑的"腰"精。她们在密林深处"叫""春"。而女高音是海面上蔚蓝色的悲凉和绝望。

256. **腰**。爱情的身体都是腰。所以热恋中的身体特别容易发痒。

257. **痒**。如果你开始没有或很少有"痒感"，那应该有所警惕。你要相信，怕痒是身体的一个美好的优点。

258. **优点**。2005 年的年度最流行网络语言是这样一句：我活得像一句废话。事实上更需要避免这样的生活：我活得像一个优点。

259. **2005 年**。2005 年，我没有革命，没有起义，没有裸奔，没有感冒，没有种树，没有爱护环境，没有爱上别人，没有与人为敌，没有学雷锋做好事……2005 年 12 月，我在“天涯”做了个文学博客——我不能原谅没有文字的生活。突然，我想试着把这些话改成一首“口水诗”，题目就叫作《痰》——

痰

今天
我没有革命
没有起义
没有裸奔
没有感冒
没有种树
没有爱护环境
没有爱上别人
没有与人为敌
没有学雷锋做好事……

今天

我依然不能原谅没有文字的生活

今天

我写了一首口水诗

就像往自己的小白脸上吐了一口痰

260. **原谅**。我应该原谅你的美丽，像原谅自己那些屡教不改的坏习惯一样。

261. **屡教不改**。在诗歌的信仰之下，语词的战斗气质、创造品格和开疆辟土的态势自然是屡教不改的。没有这样的语词，一切写作难免成为文字的原地踏步。当然，也许，原地踏步可以让队伍排得齐整。我不知道这是不是集体写作所内在决定了的。

262. **难免**。不要这样随口说话：人难免一死。这种自来水式的话我们听得太多了。所以，有时，我们也像自来水一样，听的是水，说的也是水。大概，这就叫“脑袋进水”吧。

263. **听**。当你听时，你最好有一副傻相。因为我的话更愿意停留在你的皮肤上。这样就好，不要深入，不要荡开，说到哪儿就在哪儿傻笑。

264. **深入**。在诗歌写作中，一个很难掌控的技艺是：深入而节制。这节制除了意味着句式的简洁外，还强调了语词本身的弹性——它能够举一反三，一呼百应。我努力避免那种用力过度的深入。

265. **节制**。上次张文质老师来北京的时候，我们就谈到了这个节制的问题。我们都有一个共同的感受，就是有的文章它所要说的意思都被淹没在复杂、密集、唠叨的铺陈里。我想，这其中既有文字修为的缘故，也有自我判断的原因——也许他认为，他的一言一语，他的所思所想都是需要如此大面积、大批量地"涌现"的。当然，从实质上说，节制不是词汇的多少、句子的长短、叙述的加减的问题，节制所体现的是文字的通透感、透彻感。

266. **通透感**。通透感在语言和身体的问题上达成一致：每一个细胞都充分打开。

267. **打开**。这是我比较强调的一个词，尤其是这一段时日以来。一个词的频繁出现是值得反思的：我为什么把很多想法、思考交给这样一个词去传达，去描述，去印证，去处理？我说"打开"，强调"打开"，是不是因为身体有某种紧张感，是不是因为思想在一定程度上的封闭，是不是感觉到生活的板结？这需要放到具体的个人处境、个人焦虑、个人经验里去探视。

268. **个人经验**。在这一点上，教育和艺术是相通的：对个人经验的发现、呼唤、亲近、激发、彰显。因为对这个个人经验的关注，教育向着每一个人打开；也因为这个个人经验的强大、不妥协，艺术成为自我的打开。艺术的真实感、诚实感，正缘自这种个人经验，缘自他与“他者”的差别。而这种差别越细微就越珍贵。

269. **差别**。“只有在沉睡之中，我们才如此相似”。这是我昨天写的一句诗。我希望我们不要有差别。生活因为有更多的相似性而显得安全、平静。所以，在诗歌与生活之间，我时时感觉到某种撕裂感。

270. **诗歌**。诺瓦利斯说：“诗歌是一种保证直觉健康的艺术，诗人就是直觉的医生。”这个 17 世纪德国浪漫主义诗人，他的诗遍布死亡、黑夜、疾病等在世人看来充满颓废感的元素。29 岁的时候，他死于肺结核。如果他的话是对的，那么，也许，直觉的健康可能意味着更多的器官的缺损和隐患。

271. **直觉**。我相信诗歌与直觉之间的神秘关联。美好的诗歌首先来自美好的直觉。美好的诗歌也有助于人恢复美好的直觉并使之作用于美好的感情。“姐姐，今夜我不关心人类，我只想你。”这是诗人海子献给他所热恋的人的诗句。我在很多人的文章里读到了这个具有大的格局、大的爱情、大的悲悯的天才的诗句。

272. **天才**。当我在电脑上敲下这个词的时候，我感觉到呼吸困难，心头沉重。天才总是带着人类的思想与苦难一个人走在历史的最前面，我们看不到他。当有一天你与之擦身而过，你所能看见的，只是他的文字、他的泪水、他的旧衣服、他的被水浸湿了的笔记本、他的黑夜中的老家乡……

273. **笔记本**。这肯定是老毛病：随身携带一个笔记本。似乎你常常有智慧的灵光，必须随时随地记下。估摸有快二十年了，我与这个毛病已经形成某种共谋。

274. **共谋**。把诗写到诗那里。这就是今天我与我的笔记本达成的一个共谋。

275. **达成**。有时候我会劝慰自己，生活也就是一种自我达成，不要太拘限于自己的精神刻度——生活常常在你的意料之外出现转机。

276. **精神刻度**。这两天在读安妮宝贝最新出的集子《素年锦时》。这是她整整沉潜了一年时间写作的、内省式的随笔集。作为“腥臊一时”的“美女作家”，安妮宝贝大抵是以这样的几个关键词印在大众的想象和讨论中的：女权，叛逆，激烈，中性，酒吧，夜生活……我没有读过她的小说，但从各种议论看，这就是小说中的安妮宝贝。而我从《素年锦时》里读到的，是一个安静、小心、热爱日常生活的安妮宝贝，一个充满女性情怀的孩子。她这样说：“女人对男人最彻底的爱慕，是想为他生养子女”，“要做一个好看的女子，并且相信海誓山盟”。也许是铅华褪尽，期待素面朝天吧。在这本“心灵流水账”里，她隐去了不少具体的人，所以更加清晰地显现了她自己的精神刻度。

277. **安妮宝贝**。在这本书中，安妮宝贝显然也用了“梦幻术”——她常常借助梦境来叙述现世的遭际。大概这可以看作是文字的自我保护。盛名之下，人已经难以或不敢充分地自我打开。而在诸如写作这些公共话题的讨论中，她显得比较直接、尖锐。我尤其信任她的心得：“写诗比任何文体更需要内心力量”，“这个世间如果能够存在少数的几个诗人，那么他们一定是尽力在保留纯洁的人”。这些有关诗歌的话语，安妮宝贝比很多所谓的诗人说得透彻、坚实、大义凛然。

278. **保留纯洁**。“保留纯洁”，这是值得珍视的，这肯定也是安妮宝贝的一个心灵彻悟。所谓纯洁，其实关乎灵魂，关于人的本真，而不仅在于人性，当然也不仅在于身体、道德了。

279. **道德**。在主流价值观的体系里，“文如其人”实质上就是一种文学道德说，很多时候都不可靠。如果从文字的节奏、气息、腔调，以及语词色彩的选择、长短句的运用等方面，来透视一个人的身体状况、他的习惯性表情、他的阅读背景、他的童年的关键性梦境，大体上，“文如其人”可以成立。

280. **腔调**。这些天我思虑得最多的就是如何找到自己的腔调的问题。自己的腔调，如此不易，让我坐卧不定，寝食难安。

281. **寝食难安**。难免会有这样的时刻，颓唐，空落，四肢失去了出处和目的，身体在此时对抗着内心的不规范，诗句静寂无声……这样的时光，只有辽阔的音乐才能与之产生呼应。

282. **音乐**。有时候我会反复听一个曲子，十几遍，几十遍。现在我听的是古典圣诞音乐《圣母颂》。这种声音会把人往圣徒或修道士的神情与心境那里带，让你感到多说一句废话都是亵渎。

283. **亵渎**。不亵渎，这应该作为最起码的道德底线。

284. **底线**。多年来我坚持着这样的底线：不拿女性亲人开玩笑，包括自己的朋友的、所有人的。有时候到朋友家里，如果他有姐姐，我一般会跟着叫。现在回想起这样的场景，我发现在别人的姐姐面前，我有一种比较强烈的“弟弟感”。

285. **弟弟**。事实上我一直没有当好弟弟这个角色。当然这主要是对我的姐姐来说的。对于我的姐姐，我有太多的感情，现在想起她，我就忍不住泪水打转。每次回家乡，有时我会把朋友带到她家，山吃海喝，胡吹乱侃。她是人家的好媳妇、好妻子、好母亲、好邻居，所以我可以这样一次次地闹腾。姐夫是个朴实的渔民，有殷实的家底，这是我最为心安的。

286. **姐夫**。我总会想起还在家乡做事的时候，每次到姐姐家，我的姐夫如果在，他就跑小卖部买酒去。他没有酒量，所以倘若我是一个人去，他必定催我叫几个朋友过来一起喝。有时他也想以一个姐夫应该有的那种口气跟我说一些“道理”，但最终都是支支吾吾的差不多什么都没说。他知道我喜欢写东西，所以说得最多的话就是你应该写剧本，这个比较来钱。在他看来，这是对我的一个最好的建议。我的心性在哪里他当然是把握不到的，但在这种具体的生活中，更需要的是彼此的亲情关切。这就够了。只要对我的姐姐好，他就是我的好姐夫。

287. **支支吾吾**。这几乎是我对姐夫的总体印象。他是船老大，但这并不妨碍他一直就是一个木讷的人。他有一个比较突出的嗜好就是赌博，

这大致是他全部的“业余生活”，据说他的手气一直很好。这让他更加义无反顾，尽管一年当中难免让当地派出所“叫”进去几次。

288. **手气**。但凡赌，都有手气的问题。而这种手气尤其忌讳女色。所谓情场得意赌场失意，真是颠扑不破的世俗真理。

289. **情场**。这是一个比较复杂的带有江湖性质的概念。陷入其中，难免会有刀光剑影的生活。

290. **江湖**。9 月 22 日，我写了一首题为《江湖》的诗——

可以给秋天配一副墨镜
可以为她写一个序言，在她的周围补充一颗心
让她有大地的身体。万物回头
但不舍得多看一眼

腥臊的下午
枝头上攀缘着我的高级生活
总会有两片叶子把爱情过渡给雪花
只有在沉睡之中，我们才如此相似

就是这样，在秋天，在美人的江湖，在你勃勃的脸红里

我向南弯腰，自称老林……

（2007 年 6 月至 9 月陆续写就）

第三辑　破句

多嘴诗之三

我的诗在我的半径以内
我的女人在我的拥抱以内。冬天来了
她不感到冷。她依然是一个好姑娘
比我的新诗更让人好奇
这些天在读《德语诗学文选》，多么有容貌的文字
我一次次看到自己的笨拙、苍旧与恐慌
水在低处哽咽、叹息，山高得如此真实
后面就是家乡吗？我时时这样想着
想着想着就成了不幸的孩子，习惯于中毒、革命
小规模的劳动，与地主讨论开春的种子
从土壤中认出祖宗，他们鹊桥相会
交给我男耕女织、生儿育女的夜生活

(2007 年 12 月 2 日晚)

1. 王朝

我总在回去的路上。每一个今天都深深陷于明日里。家在不可自拔处。家中的人，固执，颓废，不讲卫生。卧室朝南，厨房朝西，客厅居中。小埃及，金字神，海进入孕期。

此岁月可分为三类：乳，唇，臀。日打开天，月描写夜。我说："我是闽，闽南。"我读到《水仙晚报》《每周花摘》。谁以水为仙，谁就是我的呐喊。

我们的诗——这相当于照着身体建设王朝。

（2008 年 1 月 14 日）

2. 沉默

天的上面，是天养的诗。天的蔚蓝史令人惊奇。而近代的鸟比较革命，它们流浪在它们的命运里。既然生于人间，就必须分出一部分，沿爱的河流伸展语词的地理学。

按宋朝的口气，弃而疾之，清而照之……那些美而不说的，我将顶礼膜拜。虔诚多么有益。还有何物跪在自己的手心。可能吧，节省下来的身体刚好喂给土地。

慢慢我就繁荣。只是为时尚早，春天还在一堆落叶中。

（2008 年 1 月 15 日）

3. 低级趣味

尊重自己的低级趣味，尊重一头牛的笨拙，尊重蓝和黄，尊重今日稍稍加大的雪花。我唰唰唰走，你在我回头的地方，笑得有点破败、节约。

我已经感到过于方便。要学习水。流到哪里都有上游的安静和勤奋。我甚至叫中东，叫阿拉伯，叫骆驼、头巾。今后你就这样称呼老林，称呼他的青年和午后。

有一本书被我读到第 17 页——这是几年前的事情了——它竟然睡到今天。

（2008 年 1 月 18 日）

4. 如此

河床还未淘空，你已经看到水的骷髅。水的白骨精，不用“三打”，不用诅咒，她美得让人宁死不屈。

所以必须原谅水——甚至，这样说，“原谅”，是有罪的。昨日，我在这个城市的腹地，繁艳如春桃，丰硕如孕乳。我回到生母那里。我交给她我的孩子。

我怀念战友，我还得去打仗。全副武装，夜出昼伏。深入一个句子，直到句子习惯了忧郁与苍凉。

（2008 年 1 月 21 日）

5. 服膺

会通民间，那些佳节。上一代的亲戚已经很少走动。我想念小时候我叫她大姨的人。她家在探石。她是我母亲的姐。她一年比一年老着。

有一个故事叫“死了一百万次的猫”。第一百万零一次，猫终于死了，而死因不明——当然这是我的篡改——我比较习惯于歧义的、不确定的结局。

大概，我还欠着大地一场裸奔。我不是欠诗，而是欠跑。旧宅院子里的扶桑花又开了。

我服膺于此：源头。传统。创世论。

（2008 年 1 月 24 日）

6. 仿诗

这应该是比较有趣的：你懂得了哲学，你就避免不了被哲学所污染。

你不用狡辩。你的批判也就在你的理解之内。像所有的哲学家一样，你无法自圆其说。你的开始就是你的末路。

今天我接受了三个小学生的采访。他们的问题就是雪花和寒冷。只有他们的问题关系身体。作为世界的接班人，他们并不知道世界将在他们的身上重新确立性别。

我没有说我是诗人。我只是告诉了他们，这个冬天不够彻骨。

(2008 年 1 月 27 日)

7. 不惑

或许是，唐朝退出了历史。我所路过的，县城，村道，旧事的巷子……桉树落英缤纷，山中有何物？兄弟们抱拳如诗。妹妹，我无法老去。

今日我还在路上，在闽南迎春花的盛开里。这半个月过于声嘶力竭。我喊道：不惑！不惑！

请解除“摸”这个词的武装，同时恢复天堂秩序。飞，飞，飞，如此，青春常在。而我，和你告别，一声叹息，自我俘虏。

(2008 年 2 月 13 日)

8. 耀眼得……

耀眼得，此字无有写法，它所在的书亦无乡下。

偶尔见到，只能认出普通话说不出来的那些隐忍的土。在手上叫作心肝，在昨夜叫作爱人。

我似乎拙于形容，我越来越依赖于身体。它所告诉我的在我的听觉之外。大音在唐，深喻在唐。有时错为他国，滴答如雨。

那么，我会再来。这个葱茏的地方我愿意一次次经过，并参与它的清晨的悄悄打开。

(2008 年 2 月 13 日)

9. 《存在与虚无》

我打开的是一本久远的书——“1992 年 3 月”，这字迹扶着一个青年站在扉页上，当年的爱好类似于吸毒或挤毒，夜色激昂，小地方养着大思想。

这 16 年前的书，我什么时候划下了它们：“虚无薄膜”。无须问。无须惊奇。命在脚下，愈走愈长。

你可以看到我的晚餐如此简单。一次两页就已足够。要吃饱。要穿暖。要睡懒觉。“呵呵呵……”要这样傻笑。当我把此书读完，倒背回去便是我的自传。

（2008 年 2 月 18 日）

10. 电影

这是今夜的电影：焰火，烈酒，媚眼，牌技古老而尖锐……巷子里的一切我称作丁香。怎么走都在脚步以内，所以时日差别不多。

除了春宵和情种，二月如你所病，话说得比咳嗽干燥、匆忙、情不自禁。身体往下长，爱在彼此扎根处。

我避免不了儿女情长。我的文字更适合叹息。主人公年轻、多愁，旧时代的闺秀与月色姐妹相称。宋朝似水。小镇只有夫妻二人，传说一个。

（2008 年 2 月 22 日）

11. 南拳

让气氛暴力些。我伸手握住夜色。笔墨坚挺，纸页来历不明。据说是久远的事。内蒙古的草和马，那是用来热爱的。

我穿过大半个城市也来不及弹唱。我是路边那个献歌的人。你谈论到酒、刀、腰带以及祭祀的器。终于有一阵雨落在人间。

我住在有人的地方，往有人的地方走去。只是所经过的，我都忘得一干二净。

（2008 年 2 月 24 日）

12. 歌

就收到歌里说。就用歌来解决。歌是叫不出来的喊。歌中这么多苍凉与忧伤，诸如，《野百合也有春天》，那山谷的主人从来只有腐朽的想法。

在这个世间我已看不到你。二月耐寒，爱情耐寒，艺术耐寒，图书馆耐寒。而其中的魂灵分心于大事：种族，河流，哲学宫，肉课程……

织工以此起义，历史失去了线索，人乱天不乱，神笑。头巾代替了头。收割吧！如果春日动了刀俎，我宁愿腾出来世的愿望。

（2008 年 2 月 26 日）

13. 睡吧

想起一事，想起推动这事的人，几个语词容颜未改，似乎迟了十多年才有所察觉。

书上的文科过于喧哗。诗歌记者应该辞去动物园的工作，反对圈养术。苦命人说，星月相约为妖。雪回去了。芭蕉回去了。这样就平安。

我非天才，只好苟活。我承接了祖上的“林”，也就容纳了你的小路。睡吧，我的青年。就像叶子必须归土，鸟必须飞到无羽无翅。

（2008 年 2 月 28 日）

14. 兰花草

可能无从写起：我的兰花草。盒子疲劳——它至今已被打开三次。制药工人用药过度，错却了娇艳的青春——或许她替这个时代中了毒。

昨日我推的士过马路，我把余剩的力用在为人服务上。每月至少一次，我和雷锋同行。我父曾为军人，我母曾为民兵。

现在，诸事不宜一针见血。20 世纪以来，铁渐渐失去了银的傲骨，而银愈来愈趋于金的俗常。怎么样也比不过——我交了十几年的费，这传呼机终于惊魂一响：投降吧，坏蛋！

（2008 年 3 月 1 日）

15. 闽南母

心无旁骛的人，他的目光不会落在别处。1969 年的叫声，现在还亮着，一个字：汉。

祖云：正月葱，二月韭。加上胖豆腐，就是姑娘的厨房。三月用于散步，一直走到海。世界张灯，只是无人抬轿。

山从来不说，禁止攀登；水从来不说，禁止游泳。但我得说：禁止火焰。证据在天，来日再取。或者把你昨夜的身体译成闽南母。

（2008 年 3 月 3 日）

16. 嘿嘿

河水回来，桃花回来。一个严肃了半生的人，突然嘿嘿嘿笑起来，越笑越美。

黄昏显得踉跄。我避开京城，避开高大的事物，像一块“地铁”，散步在人和人之间，弹拨落日并与之共饮苍穹。

我要在你的颈上，戴上林氏乡村。告诉外省朋友，此地土壤肥沃，可以种出古诗。

或者如此，也是好的：我们纸上谈兵，无须落到实处。

（2008 年 3 月 5 日）

17. 爱城

爱城，此地，你只能去一次，遇见一个人，说一句话。这小教育的事，显得比较细碎，需要以身体贯彻其中的劳动方法。

而我流出的汗搬自汨罗。农业涉及邻村的田地。耕牛一叫，往事如烟。这世上也就几个语词，就看你怎样让她们甜蜜地坐在一起。

没有办法，写作常常成为否定——与世界、与时光的相互否定——至少，不肯定什么，诸如知识，广场，颂歌，队伍，病情，床上用品……啊，夜色如此无方！

（2008 年 3 月 8 日）

18. 天黑黑

我恍惚间就忘记了那灯光——黑夜的谷地，没有多少回声。如果有第二个人听到，那我的呼唤就不是彻底的。

我接着读，去掉开头，去掉叹词及其与之纠缠的风景，直接切入周末一段爱情的分泌。你看我如此感动于旧日的诗——她们有那么多的甜言蜜语，她们比我还要动人、好色。

这肥沃的事来得如此突然，好像有一个女儿就要出生。

(2008 年 3 月 11 日)

19. 水记

草鱼婆，叫卖江南，一晚未睡换你夜色一斤。沧海又笑，小荡漾成大，何时落花流水？

妖艳如古诗里的桃，丰硕，屏住呼吸的红——差不多，这就是当年我写过的你的果园——从那以后，我慢慢找回农民的衣饰和工具，开始竞选老家的村长。

我要的就是你这一票。在三月，选春天为王。这样，我们就可以活得危险一点。

(2008 年 3 月 15 日)

20. 杯子

杯子，我要说说这几个杯子。杯子，深深卷入了我的夜色的杯子。如此骄傲、清高，像下乡的青年，在水中自我性教育。

天亮的时候回到土的静谧里，在书桌上，笔记本不着一字，她厌倦了描写，她是庙，是一句话的前身，是我随遇而安的好伴侣。

我无须制造一个国，无须寄情于田野。我手执杯子，细语哽咽在她的得意与羞怯里。

（2008 年 3 月 19 日）

21. 菠菜

店主说，你肯定会买这个，这个，这个……她似乎看透了一个南方人固执的生活，她说枝头开花不可信。

可是桃红柳绿催春，我一天两趟奔走。与山河交换辽阔，与暮色交换上下文。接近沉寂，深深纠缠于自己的乳名。这个柔软的传统，流淌着爱的封建主义。

我大约只了解其中的百分之一，而全世界无产者都知道我喜欢菠菜。我害羞而挺拔，在饮酒中继承乡愁。

（2008 年 3 月 21 日）

22. 这些草……

这些草跑得比我还快。她们把绿色丢在城里，只带着一个词下乡：闽。

给土壤重新立论，看望母，沙哑地唱。现在正好，三月替我摹绘苦难，石头用于造药，水到病除。大概，我所经从的村子都适合相爱。除了体内的毒性，我的命运比革命多出一个废墟。

作为我的上下文，多年以前，她们就潜伏于此，等着我脱身而出，做她们颓废的朋友。

（2008 年 3 月 29 日）

第四辑　我习得了大海的第二套拳法

多嘴诗之四

我应该更加勤勉，把昨晚打开的书读完
从最后一个句子中分出主语
忍不住慢下脚步，听听她说了哪年的事
——那年也许是个灾年，我所熟知的文字总是更适合描述苦难
“横折竖撇，千回百转，路在何方？”
莫提明日，且跟星光潜伏，装点夜色
笑傲江湖，却等不及一个新娘的成长
我在客厅的沙发上坐了下来
给边疆的战友电话问安。电视剧又播映了《风雪记》
看来得储存二锅头和大白菜，以及永久牌纸和笔
时不时地，你会提到那个桥下的张生
他一直在那里站着，年轻而俊朗，最终与水同归于尽

（2007 年 12 月 3 日晚，4 日中午）

我原来的生活丢失了

我原来的生活丢失了，而春天还在路上。所以有时候感觉不到自己的生机，手脚显得笨拙，有些拖泥带水，走在人群中显得格格不入。

老家是不能模糊的

老家是不能模糊的。老家是词的源头。我的手指听她的指挥。所以我认同生命中的挫折。我知道我是忧郁的。所以我更加渴望快乐。“我爱你爱得如花似玉。我要叫你小白。”我听到一个人对我说。也许，这关系到我 2004 年的所有选择。也许，我是被爱所押解着的人。

我经常在梦中写出很多好句子

我经常在梦中写出很多好句子。这可能是因为我太偷懒了。有一阶段我总是无法让自己不带公文包上班，里面放着旧诗稿、手抄电话本、一本新买的书……可是他们又能说明什么呢！难道是一种含糊其词的自我期待？

我的四肢剩下手

我的四肢剩下手，拿笔的这只手。有时它会嘲笑我的言不由衷。有些话我确实没办法和它说清楚。它干脆就在被子上留下黑笔迹、红笔迹，三三两两，仿佛懒散的记忆。一些我已经忘却的事情，这些笔迹都记得。

它们在黑夜里窃窃私语，偶尔发出几声叹息。

S 跟我说过

S 跟我说过，读小学时经常编造一句似乎很有哲理的话，然后冠以“古圣”之类的名堂塞到作文里去，每每受到老师的极力褒扬。大概，大凡“引用”，都是文字的一种狡猾法，像 S 一样狡猾。我这样说时，S 笑了。其实，S 并不在我的身边。“我这样说时，S 笑了。”这句话是它自己从笔管里跑出来的，和我并没有太大的关系。

另一个自己

另一个自己总是在旁边指手画脚，让写作几乎成为一种忍辱负重。纸上的挣扎。用文字折磨自己。让自己越来越暧昧、多疑，寝食难安。

“啊，不要着急，包括睡眠、说话、写作……”

打开一本好书

打开一本好书，就像打开一个人的衣服，可以从中找到与之相爱的痕迹。我总是相信，被我打开的书，一定会有和我心心相印的句子。

> 他在语言中很安全，如同在树上的家里。
> 一个人和树一起生活多么愉快，

像树一样高大、笔直、强壮、温柔和富足，
世上最古老的歌是风在树上的飒飒声。

永远不要请诗人从树上下来。
……

这是拉斯·赫尔登《从前，很久以前》一诗中的句子，我从《北欧现代诗选》（北岛译）上抄下来的。当我读到这些句子的时候，我感觉我需要她们。她们天生地是我的战友，她们是我曾经走散的亲人。从今天开始，她们和我生死相依，共同参与到语言的一场场搏斗中去。

在写作面临困难的时候，这种激动人心的句子特别容易引起我的注意。她们细腻、坚韧。她们是一种氤氲，以双韵母的方式悄无声息地进入我突然间变得虚弱的灵魂。

——我感觉得到她们走动的声音。

——我就在冥思中和她们相遇。

——必须避免喧嚣、急躁、强硬……这样一些脾气不好的词的起哄。

我决定说说教育

我决定说说教育——前面无须加上任何修饰语的教育。我已经有了很多

教训：修饰语越多，离本真越远。就是说“诗的教育”，也显得累赘、虚假，故作高深。

这一天，一位高中语文教师找了我两次……——写到这里，我不得不用省略号让这个冒失的句子停下来（省略号可以让它缓一口气）——我为什么要从这位教师开始呢？也许，在我决定说说教育之前，我就把今天的遭遇事先带进来了。

我必须拒绝这种偷懒的写作，让每一句话都重新开始，让“每一个词的出现都是一次萌芽”——还是加斯东·巴什拉有先见之明。再说，我也没有权利把一个偶然相遇的人在写作中随意处置。写作，有时候是需要把自己逼上绝路的。这样，“写”就成为“挖掘”。

挖掘，从无到有。挖掘，要避免挖到的是“自己埋进去的”。挖掘，意味着有关教育的写作面临的是一片板结的土壤：固执，堕落，恬不知耻——教育写作，多么需要信心和耐性啊！

“我多么饶舌！”我情不自禁地赞美自己。

“我就在饶舌中接近写作的本质。”一个意思豁然开朗：我可以在写作中自我教育。

我渴望听到悲凉而有骨气的音乐。“英特纳雄耐尔，就一定要实现……”这歌声是我小时候从电影里听来的，后来慢慢把它学会了。“英特纳雄耐尔，就一定要实现……”这适合人在临死时咏唱。歌词渐渐淡去，曲子成为安魂的地母。地母说："孩子，你终于回家了。"

……可我还是没有切入教育。萨特说："在两条平行的直线之间，不是距离，而是乌有。"在我和教育之间，你必须看到这种"乌有感"。也许，我的教育立场就存在于这个"乌有感"之中。

"先做人，后作文"

"先做人，后作文。"这大概是当下一个最似是而非的命题。那么多伟大的诗人、作家，却同时是吸毒者、同性恋、嫖妓狂、恋童癖。"坏人"的品性并没有破坏他们的审美气度，更没有妨碍他们的优秀作品的创生。那么，问题只能是出现在这个"做人"的标准及指向上。如果从"道德的人"来理解的话，"先做人，后作文"肯定是无法成立的。显然的，这里的"人"应该是"思想的人"、"情感的人"、"心灵的人"、"精神的人"、"审美的人"……

回到语文教育的语境中，如果我们仅仅从道德立场出发来践行"先做人，后作文"的教育，那么，学生的出格思想、另类看法、颓废情感必然受到钳制，甚至中性的立场也是不被允许的，最终只能导致对学生作为一个人的完整性发展的破坏，对学生整个心灵生态的破坏。

同样的理由，"做人教育"不能窄化为"做有道德的人的教育"。

需要说到最细

需要说到最细。需要把一件事情说到最细，说到神经末梢，说到无法替代的一个词那里——这个词无法再展开。所谓“说到点子上”，大概如此。“说”在这里不仅仅指“叙述”，更意味着化雪无痕的抒情——直指人性中最柔软的部分，也就是那个“点”。这就是“细”的功夫。这个时候，要特别警惕那些常用语和表达习惯。“脱口而出”、“出口成章”并不都是好事情。

帕斯卡尔说

帕斯卡尔说：“我们所有的不幸都是由于我们不能待在自己的书房里造成的。”

这句话值得注意的是“自己的书房”这几个字。“自己的书房”是你亲自购买的一本本书构筑起来的，每一本书都保留着你的体温和你选中她时的种种心绪。她们都是亲人、知己，死亡也不可替代。

“自己的书房”更意味着你精神的国土。你的思考、你的思想、你的灵魂在哪里，哪里就是你“自己的书房”。

没有“自己的书房”，就不会感觉到自己的不幸。因为他是一定程度上的“精神植物人”。

有了“自己的书房”，却不能在其中安居，这就是不幸了。

“自己的书房”，必须反复强调。

“人最愿意做受鼓励的事情”

“人最愿意做受鼓励的事情。”这是彼德斯在他的《管理学原理》中非常强调的一个理念。这种“鼓励”在企业是提薪酬、加奖金、给职位，在学校是贴红花、发奖状、封官职（班长、委员、组长什么的），再有就是似是而非的表扬。一切都必须是看得见、听得到的。可就是没有尊重，那种时时处处感觉得到的自由、民主、公正。然而，大家已经习惯了这种“鼓励”，认同了这种“鼓励”，时时处处以受到这种“鼓励”为荣，为努力的动力。

在一些热闹的尤其是和比赛有关的场合，“加油”的声音总是此起彼伏，一浪高过一浪。有些时候，“加油”的嘶喊会换成其他有节奏的声音，比如一段音乐，或一阵鼓响，那也无非是叙述的“加油”变为抒情的“加油”。意思一样，目的一样。这种情况中国有，外国也有。“看客”的姿态可能是世界性的。我没有跟“场上的人”交流过，所以不知道这种“加油”是不是真的有“鼓励”的作用。我只看见一片喧嚣，世界大同。

我们有“鼓励的文化”吗？没有！有的只是“加油文化”。至于加的是什么“油”，就不得而知了。

戴维·杜巴尔

戴维·杜巴尔是美国钢琴家，也是一个著名的专栏作家，其《钢琴艺术》《键盘上的反思》《梅纽因访谈录》等书在我国颇有影响。2005年10月初，他应邀在“上海音乐学院李斯特国际钢琴大师班”授课并作学术报告，其间还接受了访谈。这些信息是我11月14日在《文学报·大众阅读》（2005年11月10日）上读到的。

之所以突然间想到这个信息，想到戴维·杜巴尔，是因为近阶段有关“父亲400个耳光打出钢琴才女”热门报道的刺激：沈阳人胡东振笃信“不打不成才”的古训，在女儿胡丁琦5岁到8岁的三年中，他先后打了女儿近400个耳光，直到她爱上弹钢琴。为了把女儿带进最高的音乐殿堂，胡东振放弃了工作，戒掉了烟酒，戒掉了肉，最后自家的住房也贱卖了。在2006年10月6日举办的“舒曼杯（亚太）国际青少年钢琴大赛”中，13岁的胡丁琦一人囊括了专业C组、贝多芬组、巴赫组和高级组四项冠军和两项亚军，创造了此项比赛的历史最好成绩，终于成为“钢琴才女”。颁奖典礼结束后，作为父亲的胡东振流下的却是苦痛而略带悔恨的泪水，他说：“如果让我重新选择，我肯定不会再让女儿学钢琴，这条路实在太残酷了。”而女儿对父亲的理解同样令人嘘叹。在父亲面对挫折信心动摇时，还在艰苦求学途中的胡丁琦这样宽慰父亲：“你不是常常告诉我不要轻言放弃吗？……你为我受的苦，也不能就这样算了啊！”

胡东振的这种“赌博式教育”、“棍棒式教育”，其实在很多中国父母的身上都可以找到影子。胡东振“赢”了，但这并不等于他所践行的教育方式是成功的。因为胡丁琦是特例，在她的身上，一定有着艺术的天分。胡东振的“赌注”是押对了。当教育成为一场赌博的时候，就是获得很多成功的孩子，其生活也一定是辛酸、苦痛的。那些因为拒绝学钢琴而自残、自杀甚至弑母的孩子的故事，我们不是已经都感到麻木了吗？

在接受访谈的时候，戴维·杜巴尔说：“我认为，钢琴教会了孩子们对世界上美好的东西的尊敬。学钢琴，不是为了一种荣耀，而是为自己创造一种更好的生活。”也许，对于今天的胡丁琦来说，“一种更好的生活”已经出现了。但我的祈愿是，让每一个孩子的每一天都有好的生活，他们每天实现一个小愿望，梦里吃到最想吃的东西……

我有一位老师，书法家李木教，从女儿学钢琴的那一天起，他就订下了“三不铁律”：不表演，不比赛，不考级。有趣的是，这个孩子也不爱热闹，不喜欢那种大场合的喧嚣，不羡慕别人的等级证书和获奖证书。

关于学钢琴，我一直有一个很简单的看法：女孩子应该学，因为钢琴可以给她一个优美的肩膀，一种高贵的气质。

学钢琴，应该是一件锦上添花的事情。

相爱的兵

相爱的兵，需要刑场上的婚礼，出生入死，惊天动地，无怨无悔。当《国际歌》响起的时候，我们已经爱得饥寒交迫。

好的诗

好的诗，好的诗句，背后总是有难以名状的精神元素在奔跑。所以，常常这样：不是句子在说，而是句子后面的东西在发言。

我曾经写过这样的句子

我曾经写过这样的句子："我也加入了一片新绿的长跑。"可是我无法说清楚我会"跑"到哪里去。我只是"跑"，对自己越来越苛刻，有一种苛刻主义在里面。我一直警惕别把自己宠坏了。一个人的事业有更多的忧郁和痛苦。在其中我才是自己的主人。

诗歌中的……

诗歌中的"换行"、"转节"，都是很艰苦的。法国谚语云："理解一切即宽恕一切。"我理解这种艰苦，所以也宽恕了这种艰苦。

“朋友来了有好酒”

“朋友来了有好酒。”朋友来了，如果没有请他喝酒，我会感到内疚、不安，觉得不够哥们儿。

向春天致敬

向春天致敬
向远方致敬
向安详的昆虫致敬
向一本好书致敬
向写出“二月，墨水足够用来痛哭”这样的句子的帕斯捷尔那克致敬
向酒肉朋友们致敬
向真诚、宽容、大气、粗野的人致敬
向为爱而自杀者致敬
向一杯好茶致敬
向一张洁白的纸致敬
向突然间跑出来的念头致敬
向自己的诗致敬
向童年致敬
向老家致敬
向自己的责任致敬

向安静的时刻致敬

向我的手指致敬

向我写出来或打出来的每一个字致敬

向光致敬

向《共产党宣言》和《国际歌》致敬

向一日三餐致敬

向 1 和 0 致敬……

深蓝色的杜拉斯

深蓝色的杜拉斯。Marguerite Duras……她侧着脸，渐渐起伏的皱纹让她的神情更加性感、侵略，不可抗拒。

深蓝色的杜拉斯。这书我买了两本：《写作》。还在家乡做事的时候，有一次出差到福州，在书店看到春风文艺出版社新出的一套杜拉斯文集，15 本，我就挑了《写作》——我常常被书的名字所吸引。

回去后我给了你。

也许这是一本你读得最认真的书。从中你读到了很多好句子，好片段。你说已经读了好多遍了，勾勾画画，书籍像田野一样万物葱茏百花盛开。多么温暖的话，书遇到了好的主人。

这一次，在另外一座城市，我又买了《写作》，一样的版本，一样的崭新，一样的“她侧着脸，渐渐起伏的皱纹让她的神情更加性感、侵略，不可抗拒”。

我随意打开，读到了这样的文字：

> 为什么要做这一工作，我想干什么？
> 为的是看到所有这一切可能会构成一道无产阶级的墙壁。
> 在这儿，历史就是数字，真理就是数字。
> 无产阶级最显著的纯洁就是数字的纯洁。
> 真理就是那没有经过比较也不可比较的数字、不带任何评语——词——的纯洁的数字。

我只是轻轻读过，但我已经看见了深蓝色的杜拉斯。

你足以……

你足以替代我对一本好书的热爱
你足以让我在黑夜高傲地保持一个人的孤独
你足以在我的诗中架起万卷语文梯子
你足以宽恕种种偏见并使之成为真理……
——尽管你的话语因为疼痛而带着轻微的埋怨

进入三月

进入三月，我一直给自己压力：写得更勤奋些、深入些……在自己的压力之下，人是很好的弹簧。

这一组诗，是从 9 日开始写的。除了几天出门，我都沉浸在“三个字”的氛围中。所以，这些诗，我都以三个字为题：水耐流，副诗人，我的岛，文史神……

这其实是给自己障碍。有时写作难免是一种自我的斗争，期待把自己从自身的惯性和惰性中解放出来，用“三个字”把自己锻炼一遍。

昨晚，我写完了第十首，算是给自己的三月一个交代。三月，因为有诗而彬彬有礼。

“‘多么难得的业余爱好！’/以此抑制不住的赞美，我习得了爱的口操/——把一个人的名字轻轻地抵在舌尖上……”

我知道，这个名字只属于一个人。

下午四点多

下午四点多，天突然暗了下来，紧接着是瓢泼大雨，仿佛一场危险变了面孔。

我懒得再出去了，懒得再说什么，一切比汉语还要沉默。

汉语，我曾经用她捍卫了我的尊严，而今，有时成为累赘和障碍。也许，我将在汉语中哑口无言。

当汉语随着天空黑暗下来的时候，我只能找到自己，那些叹息和谵言。

两片叶子，落在我的书上

两片叶子，落在我的书上。这是办公桌旁一棵俗称“发财树”的盆栽植物掉下来的。

我不知道它们是什么时候在那儿的，也不知道为什么不是一片，或者三片，而是两片。这让我想起了我写过的《一双拖鞋》一诗中的句子：“它们一左一右，从此不再走散。”

这两天，它们静静地躺着，在我的书上。偶尔，我侧过脸，看看它们。

对于落叶，我总有一种难以言述的心情，总感到说得困难与滞缓。什么东西落下来，便是生命在作着悄悄的告别。与此相关的，是凋零、零落、敝谢、漂泊……在我的语词世界里，它们是寂寥、多病的民族。

事实上，我的文化心理非常传统，很容易就被氤氲到诸如“红叶题诗”、“人面桃花”之类的情境中去。

所以，当我在街上看到环卫工人扫掉落叶的时候，我总觉得他们扫错了。

这一周过得过于沉重

这一周过得过于沉重。除了生活本身，也许还和我的阅读有关。这些天看《政治、权力与文化——萨义德访谈录》，这么厚重的书捧在手上，令人无法轻松下来，甚至难免有些忧国忧民。你看这些文字，纷纷瘸了腿，所描写的事物都有些倾斜、摇晃。

沉重有时是必需的。你需要为自己的心灵负责，为自己的承诺负责，须臾不可更改。当这种负责被无意中的话语所折损而引起一个人难过的时候，沉重感就产生了。

生活有时是快的，有时则慢吞吞仿佛诗的暗滋潜长。生活像窗玻璃外的光，可以看见，不能改变。我们所能做的就是怎样去歌颂它，赞美它，确认它，让它成为内心的温暖和指引。

回朋友有关他爱人生儿子的一条短信

回朋友有关他爱人生儿子的一条短信："这样，世界多了一个男子汉。这样，街上多了一个母亲。这样，世间贴满了寻妖启事……"

"我们的生活将因为阅读和写作而充满希望"

"我们的生活将因为阅读和写作而充满希望。"这是我在回复一位作者的邮件中写下的一句话。因为这位作者喜欢阅读和写作，自然的，我的回答就尽量与之相关。当时敲下这一行的时候，其实我的内心就有一阵一阵的感慨。我知道这两个词汇的不易——阅读，写作。现在已经变得有些奢侈。在一些场合，有时说出这两个词汇是需要小心翼翼的。所以，我变得越来越害羞，越来越喜欢说“丑”的话。

今晚，这位年轻的作者又发来邮件，特别提到了这句话，并且说：“我想，只要我认真阅读，从书这个永远的朋友中汲取营养，我的生活才有滋味；只有我尝试挖掘感动我内心深处的东西，我的生命方有所价值。”

真的很好！人在世间，应该有所留恋，有所眷顾，有所期待。至少，给自己订一份刊物，让自己在每一天，或每一周，或每个月，都能迎来一些新鲜的消息。这种感觉，是大大不同于每天在公交站点旁随便买一份报纸的。人之所以活得不同，常常就是因为感觉——对人、事、物的感觉的不同。

一条路摆在那儿，怎么走，除了考虑速度，还要考虑心情，考虑可能看到的风景。这取决于走路的人对“前面”的判断和态度，以及之所以有这种判断和态度的心境。当然了，如果你这时急于上班，那么你就很容易成为一个“速度主义者”，速度唯一，速度至上，速度为神。人就是这样越来越烦躁的。

当一个人被裹挟在一种永远向前的速度里的时候，你就不要指望他对阅读和写作——那种噬心的、深入骨髓的、让人脑震荡的阅读和写作——会有任何的感情。也许，你会问，要是赶赴一场生死攸关的约会呢？没错，这时，你的步伐一定是神速的，但你的心灵却是缓慢的，一点一点推进的，你在想着如何献出一个空前绝后的拥抱……

慢慢地，心境明亮，步履从容，鸟叫声从密林里传来，“昨天的太阳被黑色担架抬走”（曼德尔施塔姆），我要的是今天新润的阳光轻轻披洒。慢慢地，我在阅读和写作中慢了下来，获得益虫、绿色、水声、爱、星星、信仰，一些文字，一些句子，充满希望，可以抬起高傲的头颅。有时打一个招呼，无数的人向我回首致意。

喝多了

喝多了，就是语文教师

喝疯了，就是诗人

喝死了，就是哲学家

——这最后一句，是一位语文教师说的——显然，他喝多了。我赞成。我为他加油。

——这是：世界悲。世界碑……

“高处”总是让人神往……

“高处”总是让人神往。可是，人走那么高、爬那么高干什么？真的是为了“一览众山小”？也许，这是文学作品培养出来的“高处情怀”。事实的情况是：很多人都有恐高症。这样，越怕高越喜欢爬高，似乎有一种“厌低症”，认为“低处”缺乏精神的美德。由低到高，再由高到低。任何形式的自杀者——身体的、精神的、灵魂的——都是这样完成他的死亡的。

这些话，是我看到国锋兄博客上一篇有关“自杀”的文章后想说的，可能是我的电脑的原因，一直无法贴上去。这些文字，还没来得及发出声音，就“掉落”了。

那天，我打电话给国锋兄，说跟不了帖子。于是他就打的过来了。我们喝茶，在我的办公室，在“九峰茶馆”，在他的办公室，前后也有五六泡吧。

路上，我们遇到乞讨的孕妇。她腆着大肚子，跪在那里，前面是睡着的一个孩子。在那个碗里，我放下了一块钱。国锋兄就地取景，拍了几张照片，也给了一块钱。口袋里的零钱，就两个作用：一个是施舍，一个是坐公交。所以，没有零钱，有时候会非常焦急。这是低处的不安——相对于大把大把花钱的时候。

两年前，亢哥就给了我国锋兄的诗集。所以，我和国锋兄是迟到两年的见面。一切一见如故，确实就是多年的朋友。在所谓的诗歌界，有一个名字很可怕，叫作“诗坛”。常常是这样：缺乏信仰，所以需要拉帮结派，所以生出了“诗坛”。如果它还有可爱的地方的话，那就是诗人之间这种相视一笑的默契——什么都不用讲，什么也不用说，你写诗，我也写诗，这就够了。

我希望这是人性的“高处”——如果需要的话。我们都在“低处”挣扎，如果没有了“高处”，那就是垂死状态了。所以，我非常推崇歌德说的一句话：“永恒之女性，引领我上升。”

今晚，我和国锋兄，还有他的朋友、一位房地产老总一起吃饭。国锋兄说，你的博客不要搞得这样严肃。我承认，我还不习惯在文字中袒露自己的生活。我的生活与文字一直保持着“爱”的距离，顶多我就说：“我窝在一个甜蜜的句子里。”我总是有一种农民的羞涩感。乡土的东西在我的身上非常固执。我很担心的就是别人对我说：你真像个机关干部。当然，我也不会在我的文字里作假，顶多就是有所保留——一些想法，一些看法。

所以，内心，才是思想的母亲，安全而又温暖，你再坏，她也一脸仁慈。

她在“高处”，看着我艰难地行走于“低处”的喧嚣中……

前些天

前些天，亢哥来我的办公室里小坐。

轻轻地坐下，轻轻地从烟盒里抽出一支烟，轻轻地点上，轻轻地掸一下烟灰，然后开始轻轻地说话……这是亢哥的风格。

我泡好茶，也点上一支烟，然后接上他的话。

和国锋兄不同，我与亢哥总是更习惯于谈论严肃的东西，诸如读书，写作，编刊物，最近注意到谁的文字等。他说，我发在他编的刊物上的一组短文，有不少人感兴趣，说文章还可以这么写啊什么的。对我来说，这自然是快乐的。他特别讲到了文字的简洁、诗性、分寸感。也许，他的话里面有着鼓励的成分，或者是对我的文字有一种偏爱。但不管怎样，有人肯定你的文字中的一些独特的质素，这总是好的。前些天，就有人匿名在我的博客上留言说："我总觉得你的东西有些小家子气。"见仁见智，我只能非常别扭地接受这种关系到作为一个男人的精神尊严的"批判"。

当然，我也清楚自己的写作尚处于智性阶段，所以我说："我还需要努力向智慧靠近，也就是要有原创的立意、全新的看法，能够发出自己的声音。"有些时候，我总是情不自禁地引用一句智慧的话语。说不好听一点，有时这几乎就是一种虚张声势，是一种思想的虚弱。由此我们谈到"作家的立场"的问题，教育写作的问题。

我倾向于认为，现在的教育写作过多地拘囿于"作为教师的职业角色"，或者说是一种狭隘的"教师的立场"，所以有太多的怨气，太多的怒火，太多的矫情，太多的哀叹。自然的，我并不是认为，现在的教育没有需要批判的地方，相反，而是太多了。现在的问题是真正具有批判力的教育文字很少，而更多的是那种充满个人利益得失而产生的谩骂、讥笑、嘲讽、怨怒、宣泄、唠叨、调侃……到处都是屠夫、醉汉、怨妇、愤青，视界没有打开，心灵没有扩容，情感没有净化，语言没有呼吸。

而亢哥一直沉迷于对“作家的立场”的描述，他没有说得很清楚，但我知道他的意思，他想强调的是那种从容的、悲悯的、富有终极关怀的写作姿态。也就是在这一点上，我想他的看法和我是一样的：教育写作要走出教师职业之“囿”，教育写作要关注民间、关注底层、关注草根、关注细节，教育写作的后面是一个知识分子的情怀、风骨、心性，甚至有些固执，有些孩子气，有些慈祥……

在这过程中，我们自然也说了些废话，玩笑的话，暧昧的话。说着说着，亢哥就孩子一般，慈祥地笑了。

后来，亢哥要我再整理类似的一些文字给他。我找出了上半年陆陆续续写的那些片段式的东西，从中挑了六七千个字，连同写于 9 月 10 日教师节的一首有关新学年的诗，合为一组。我取名叫《伪唐朝的星星》。

我读到一本书

我读到一本书。书上说，这不是题词，而是写作本身……

昨晚依旧三点多才迷迷糊糊睡去。七点多吧，似乎是一阵鸟鸣翻开了一本书，我读到一些文字，文字是清晰的，而意思是含混的。也许是一种破解的欲望越来越强烈，我突然就醒了。我记住了其中完整的一句：我们所挖掘的，是祖先所掩埋的。这显然是有关写作的自我警醒。纪伯伦说过："我们所挖掘的，常常是自己事先埋进去的。"这是写作的两种困境：对他人的重复和对自己的重复。

类似半梦半醒下的情境，其实常常发生。只不过这次有所指认，有所肯定。

慢慢地，我看见了窗外的阳光格外明媚，落在那棵龙眼树上有一朵一朵的反光，叶子是透明的，层层叠叠如同幼儿园里的运动会。我想起了朋友给我寄来的有点潮湿的鱼干，此时正是晾晒的好时候。

我找了几张报纸，铺在阳台上，然后把鱼干一条条放上去。它们并排躺在那里，像是躺在家乡的海滩接受阳光的施洗。大海的味道渐渐氤氲，一个个公分母随波荡漾，我百感交集的心情……

我有一扇适合于黑暗的窗

我有一扇适合于黑暗的窗——办公室的窗，寝室的窗。透过这扇窗，我表达着我的勤奋与坚持。

相对于与阳光的关系，窗子与黑暗的关系更为丰富、有趣。它安顿着我的眼光，让我的想法不至于太夸张。有些时候，亮的地方反而不利于思的强大。

而黑暗，渐渐地置换了我的心灵。我让它飞。我让它跳。我让它理直气壮。我让它五湖四海……而窗子，像秋日的母，淡化了丰收，就期待着来年的耕作。

没有什么可以确证生命是以什么样的方式展现它的固执的。我像一个病句那样坐着。我想起多年前读过的一本书。我打开桌上的牛皮纸信封。我把指甲修剪得如同酒后的话语。我提醒自己要关心文字。我把你昨晚说的话再回味一遍。我还必须为你找一个好地方……

剩下的，是一天一次的幼儿园生活。

“诗歌……一种致命的跳跃”

“诗歌……一种致命的跳跃。”当我读到这句话的时候，就忍不住像一个老学究一样用笔把它画了下来。我是在《帕斯选集》上读到它的。

2006 年国庆，在上海博库书城，我一眼就看到了新出版的这一套《帕斯选集》（上、下卷）。我用 98 元买下了它，让多年前的阅读延续下去——多年前，我读过帕斯的《批评的激情》，薄薄的一本，是有关帕斯的访谈录，现在也收在这套选集里。

差不多两个月了，我读得并不多。上卷放在书柜，下卷放在案头。有时几天没翻，这下卷便被报纸稿件什么的所淹没，但帕斯这个名字一直在耳边回响。一个人，化作一个名字、一卷精湛的文字，提醒你什么是美，什么是高贵，什么是诗。

他说："诗歌……一种致命的跳跃。"为什么是"致命"的呢？我无法清晰地说出我的理解，我只是感觉到我被这个词抓住了。然后，是"跳跃"，又为什么是"跳跃"呢？这除了意味着句子的高山流水般的洒脱外，至少还有着心灵的超凡脱俗，灵魂的自由自在——就是在这个意义上，诗才是"致命"的，于写诗的人，于读诗的人，都是如此。

这句话，让我看到了距离，看到了现实的滞重与黏稠，看到了这个时代的轻浮和严重的妇科病。还用说那么多吗？当我的想法难以落实到工作中的时候，我只能机械地像大多数人那样按部就班地做事和微笑。"我有着反抗的目光/却只能压低声音歌唱。"（帕斯）

我无法否认内心的惶恐。我为某种写法的固执而寝食难安。我担心自己过得越来越像一个优点，越来越难以"跳跃"。

相对于"致命的跳跃"而言，放松、点头、握手、窃窃私语、东张西望、随遇而安……便构成了日常的生活。这是散步者的生活，有闲者的黄昏。"阳光矮于屋檐"，鸟只不再鸣叫。也许，散步是对的，是必要的。因为有很多信息显示：我们是忙碌的，紧张的，奔波的。这个信息的世界，各种信息编造了我们的生活，并最终置换了我们对生活的直觉和感受，我们也就生活在一种越来越真实的假象里，越来越松弛而臃肿。

所以，在强调自己的诗人身份之前，必须得先问问自己：我是不是一个“跳跃者”？

——总有一个挑战在前面

——总有一个挑战在前面。似是而非。大概是，命运布置的课外作业。

——对你来说，挑战是别人告诉你的。表达在书本上有些面目可憎，让人不安或者盲目崇拜，甚至把它作为加强人生韧劲的依据。

——它正在成为人生哲学。一种可称为“挑战主义”的理论遍布各种励志性的书籍与文字。在一个时代的困难面前，它显得那样的理直气壮。

——真的有挑战吗？还是你自己给自己制造的假想敌？它来自哪里？它带给你的是压力还是尊严？

——在我这里，我只是保持着前进的姿态和口气，我只顾着往前走，我否定掉阻力和障碍，我拒绝挑战者。

——但我切切实实地感受到一种悲哀和无奈，我无时无刻地陷于来自各种制度的挑战中。那些审查制度、话语制度、审美制度、办事制度、散步制度、就餐制度、作息制度……它们甚至不只是挑战，还是淹没、覆盖、置换，让你不得不成为其中的机器、零件、符号与标签。

——在制度面前，我们只有倾听、遵从、适应，而没有说话、辩驳、质疑的权利和条件。不过大多数人已经习惯了向制度的“三好生”或者“积极分子”这样的目标努力。这才是安全的、舒适的。所谓制度，便有了“港湾”、“车库”的意趣。它不再是挑战，而是风景。

——所以我感到寒冷，感到百病缠身，尽管秋天未过，尽管秋日的诗篇本来就让人忧郁。

——所以我必须给自己把脉、胸透、验血、取尿样。这灵魂的病，一种是在新的问题面前哑口无言，或者只能重复多年前的看法；一种是常常需要用别人的话语来装点门面。

——我渐渐明白，这是因为，来自思想的挑战越来越稀少、淡薄。也许是阅读得不够充分，也许是日常事务的遮蔽，也许是自身在制度面前的捉襟见肘……精神的跃动、心灵的震颤、语词的更新，正在慢慢少去。怎样让自己展开，已经成为问题。

——那么，对于一个人的生命状态来讲，如果真的有所谓挑战的话，那一定呈现为这样两种场域：一种是来自制度的挑战，一种是来自思想的挑战。它们相互倾轧、排挤，是一种对抗与斗争的关系。

——在人的内心战场上，最终的胜利者将决定一个人的精神身份：“制度人”，或者“思想人”。

——这几个夜晚

——这几个夜晚我又恢复了原来的习惯：在床头放一支笔、一个本子。我感到内心有一匹牛在奔跑。她在寻找青草、绿地、公园和田野。

——暴风骤雨似的，语词与生活的斗争愈演愈烈。它们的国土历来界线不明，所以常常让人身份暧昧（如果缺乏必要的精神支撑和指认，就可能产生方向上的迷茫感）。

——这是难免的。在语词与生活之间，你只能择其一作为生命的根据地。任何试图找到它们的平衡点的努力都将是虚幻的。如果可能，那只能意味着它们其实是死的关系、僵硬的关系，实质上也就是单一的生活，没有语词奇迹的生活。

——就比如我床头的这个笔记本，它是新的，封面上凹印着“福建教育杂志社”的字样及杂志社的 Logo。它印证着我现在的生活与之有关，与这个杂志社有关，但我的精神世界肯定远远比它旷阔。我可以专注于此，但我的呼吸、性情、说话的口气不会被其所局限，总会有一些不安和想象从中逸出。我所喜欢的语词，便随之而生，直达我的诗句。

——所以必须有一个灵魂的出口。生活再压抑，再沉重，再悲凉，也必须有这样一个可以化解厌倦和仇恨的通道。

——如果你问我：那么，你的通道在哪里呢？我的回答肯定是：诗。但随后我会给予否定。这是必要的环节，先肯定再否定。否定之后就不再说什么了。因为这是一个无解的命题。我只能拿出一系列的语词来表明我的态度和想法。我把它们写进我的诗歌中，我便完成了我的回答。

——多年前写过的一句诗总是在反复回响："在阳光照不到的地方，有更大的光明。"我们所看见的，只是我们所希望看见的。有时候我们还会给它一些描写和夸张，让它看起来更符合常理，更适合自己的企图。而当它陷入黑暗的时候，我们还有话可说吗？我们有一盏内心的灯吗？我们可能自己照亮自己吗？

——灵魂迷了路。这是多么可怕的状况！所以必须有几个语词来作为生命的标记或指认前行的路途，以免天黑以后找不到自己。

——我热爱我的黑暗。在我怀念母亲的时候它总会现出几颗美丽的星星。我的头顶因此有了一个让怀念更加深厚、更加优美的星空。

——当这个城市的街道都空寂下来，依然有人从我的内心走过……

今年第一天，我在哪里

今年第一天，我在哪里？有时候我必须这样追问，仿佛已经过去了很长的时光。

这确实是一个问题，一个值得用上所有热情的语词去探寻的问题：今年第一天，这个被称之为“元旦”的日子，我在哪里？

现在，我想起来了：今年第一天，我和你在一起。我跨越了一个天空，和你在一起。我珍惜这样的时刻，像珍惜生命中那些最热烈的颜色和气息。

和每一次远行一样，这次我依旧带着一本书——这是一位我刚刚熟识的教师送给我的。结果依旧是愚蠢的：我的时间完全被你占领。在这样的时刻，一本书仅仅是一种自我证明：书在，心灵就在。只不过此时我更需要把你完整地再读一遍。

我还带了什么？毛巾、牙刷、笔、干净的纸、换洗的衣服、一副扑克牌——这副扑克牌，我们已经打了好几年，在好几个地方，生活换了一种方式进行，上面的指纹层层叠叠足够堆起新的河山。

今年第一天，我在哪里？这事关去年的最后一夜。星光闪烁，街市通明，我们走不完脚下的路。汹涌的人群中，每个人都在寻找生活的快乐部分。不是过客，而是证人，彼此告知希望。“麻雀说出了黎明。”（埃利蒂斯）

什么都有，就是没有辞旧迎新。因为每一个时刻都是鲜润、多汁的，晚餐里更有丰盈的关切，酒和果汁渗进蓬勃的细胞，身体靠近了飞翔。

生命潜滋暗长，庄稼慢慢成为粮食，土壤拥抱着大地的秘密。谁把它透露了出来：我不在这里的时候，便是在你的身边。只是，这一天我忘了对你说：新年快乐。

也许，这种快乐不用说出来，爱已经讲出了这一切……

前天晚上到晓风书屋

前天晚上到晓风书屋，花了一百多块买了三本书：《波德莱尔传》《萨义德》《文化理论关键词》。它们都是刚刚出版的。另外有几本因为内页皱了或封面有黑渍而作罢——对于要买的书，我总是有一种修改不过来的整洁癖，容不得它有半点瑕疵。

《波德莱尔传》最为厚重，达七百多页。我是以一种溯源的心情买下它的。波德莱尔是现代主义诗歌的源头性人物，他的《恶之花》给他带来多舛的命运，也带给他“诗人”的伟大性。在我刚刚接触诗歌的时候，他的作品在我的内心掀起了象征主义的回响。

《萨义德》是有关当代最重要的思想家之一，和“献身巴勒斯坦人民权利事业的斗士”的萨义德的一本研究性论著。这些年，我常常陶醉于他的著作，特别是《知识分子论》，薄薄的一册几乎说出了我对血、对血性、对有价值的血的全部理解。我相信这本书会让我更为细节、更为细致地走进萨义德的话语世界。

《文化理论关键词》大概是这样一本书：对“塑造了人文学科中的英美知识生活”的“一些最为重要的概念和争论”进行介绍。打开目录，你不能不被这些让人迷恋的语词所吸引：意义、修辞、阅读、身体、凝视、心灵、时间……在批判及文化理论的意义范畴里，这些语词充满多义性，对具体的语境总是充满了依恋。也正是如此而映衬了作为 20 世纪后半期出现的最重要的文化视阈的批判及文化理论的跨学科特征。这些理论已深深渗进了当下的文化中国。借助这些语词，我们将对诸多文化批判范式及文化运思方式有更加清晰的把握和参悟。

今晚，我粗略翻阅了它的“总论”，这样几句话便把我降伏了——

> 尽管一种文化（任何一种文化）为其过去所塑造，也仍然必须积极地质疑、修正过去的意义与解释。
>
> 一旦理解了现实之不确定性、含混和间断，我们的现实感将会变得更加丰富。
>
> ……阅读不单单是指我们细读书面文本的行为，事实上当人类进入世界并试图解释其肉体的和精神的处境时，便持续不断地卷入了阅读过程。
>
> 我们的文化存在是我们注视世界的结果，但也不可避免地是世界注视我们的结果：它通过不懈的凝视建构了我们。
>
> ……

我时时感到“说”的艰涩

我时时感到“说”的艰涩。从5月7日写下《食欲》一诗以后，我一直处于“叙事”的状态，似乎失去了抒情的冲动与入口，没有语词的大面积跳跃和隐喻，大多时候我把生活和盘托出，有些唠叨，有些自得，那么，是不是对自己显得过于信任了？但有一点是肯定的，我有随身携带的头颅、四肢、皮肤、表情、想念、记录本、坏习惯，我有随身携带的乡土、家园、故里、宗氏、族裔……的偏见、成见、固执、心脉、匮乏与可贵之处，我认同它们就像认同那些叫出我的乳名的人……这其中其实隐含着“抒情”的企图，只是我把它们绕了过去。

所以我不敢确定，我“叙事”中的叙述是流畅、明朗的。从福州到北京，不过十多个时日（其间有一半的时间在烟台），我还生活在“南方”里，而且我会坚持我的“南方主义”，我将把北京作为南方的一部分来热爱。“我所做的与其说是探究那不可能被探究的神秘禁地，不如说是袒露自己在面对那片禁地之际的无知和随之而来的好奇。”（林国华）这是我在《古典的“立法诗”——政治哲学主题研究》的《著者前言》中读到的一句话，它是如此准确而富有预言性地表达了我内心的辗转和不安。无知、好奇，这两个词与生俱来，并且是作为生命的一种前进姿态作用于我们的性情、心思与喜好的，因此，我需要被教育，需要一种开放的、对话的、循环往复的自我教育。我用38年的时光认识到此，一切还为时未晚。

张文质……

张文质　显然是，越来越强大、柔软、性感的思想唇舌。我看见生命的语词更加“张开”。我宁愿将之当作当下中国教育的一个阉割不了的性器官。只有在“十字路口”，才能摸清可能的方向。这“幻想之眼”看见童年，足以透视教育的伪装和病灶。

鲁亢　显然是，一种避阳的植物，苔藓的，老森林的，旧巷子的，红灯区拐角处的……作为后牙齿时代的第一诗人，他是内在的朋友，他总在身边，又难得一见。他戴着口罩是因为他提前感觉到某种恐惧和暴力。在这个工地化的时代，他借助对富有“可读性”的爱情的想象，成功“逃离公分母”。

巴客　显然是，一支烟就可以掩盖不安。显然是，他的脸容和香烟相互鼓励，相互赞美。这应该归功于他在自家阳台上的习惯性沉思。是吗，是没落贵族的巴洛克遗风吗？在我眼里他更是语词建筑师，他现在需要给自己预订一些反制度翠绿。

姚春杰　显然是，他戒烟相当于放弃了最有意思的一个手指，他剩下十个，一只手五个，分工明确，各司其职，和谐社会，他看起来多么慈祥。我更喜欢他在文字中贯彻深思与愤怒。我相信他也会怀念县城的黄昏和街巷，所以他的思考有更多的现场。他现在要做的，就是为自己立法，铺展苦乐感和身体感，在五四路上的某一棵玉兰树下恢复少年的心。

朱永通　显然是，一个需要“除以 2”的肉身。节制、分寸感，这些都已经成为他的迫在眉睫的身体哲学。他需要自我剥削，自我殖民，重新确认自己的文化阶级。他偶尔会提起某个“伤心的女同学”，但仅此而已，没有细节，没有喘息。如同他的文字，他习惯于向内掘进同时向着苦痛展开。作为来自同一方山水的人，也许，我们可以对话一个形而上的故土，并为之逐字逐句地读出“海岛政治”的蔚蓝。

(2005 年 8 月至 2007 年 8 月陆续写就，有删节)

第五辑　我的教育乡愁

多嘴诗之五

近日食欲大增。小说家素材丰富
人在事中，结尾小团圆。每天在这个时候
喝喝酒，开开玩笑，走过咖啡屋
那时的县城流传《明月光》，我的想象
保留着最初的美。什么社会，如此喜欢热闹
据说又有人在他乡自杀。这不是好事情
除了怕羞，我们也应该怕死，怕分别。离开太久
难免彼此迷路，笑容与呼吸，都变得陌生
在我的乡下，老朋友们过着有趣的日子
作为海的邻居，他们比我更善于奔波
而你要为我骄傲，这么多年过去
我依然山清水秀，热爱蔚蓝，保留了诸多的意外

(2007 年 12 月 4 日晚，5 日下午)

为教师朋友做杂志

——《教师月刊》发刊词

我们一直深怀感激。

“大夏书系”五年矢志不移的耕作，两百余种五百余万册的图书，让我们有幸与成千上万的教师成为朋友。

这个夏日，我们又沉浸在一种激奋的情绪中。我们把一个多年的心愿变成了现实：为教师朋友做一份杂志。

我们给她取了一个普通的名字——教师月刊。亲爱的教师朋友，这也是你的名字。

我们每个人的成长，都离不开教师的影响，教师是我们生命成长的“重要他人”。我们中的很多人，我们的亲人、同学或者朋友，都在从事教师工作。包括你，也是教师。

我们就在一种共同的文化中成为朋友。

我们深知，教师从来都是难的。教师必然满怀当下的丰富与沉重，直面不确定的具有无限可能性的未来。这个未来，既是学生的，也是教师自己的。

我们也深知，现在教育的最大问题是，它让人得到的并非人的一生中最值得追求的东西，它把人的幸福窄化乃至异化为应试和谋生。这个问题，对教师的“本分”造成了严重的干扰。

所以，这将是我们持久的努力：守护教育之于个人福祉、之于家国命运、之于世界未来的价值与意义，做一份本色、美好的教师成长读本。

我们就从创刊号开始：卷入一线教师日常而真实的职业生活，分享优秀教师支起事业高地的独到经验，集合方家学者回应现实、启悟人心的灼见真知，钩沉教育史卷风烟缠绕、历久弥新的生动语词，整合可以有效转化为教育资源的学术成果……

这是一件必须投入梦想、激情和专业理性的事情。这件事情并非因为我们来做而值得一提——这样的教师成长读本，本来就应该是教师文化的一部分。

这就是我们为教师朋友做的杂志：《教师月刊》。

这必然是我们的立场：永远和教师站在一起，就像蔚蓝、开阔，永远站在大海与天空这边。

（2009 年 7 月）

准备一颗“教育”的心

创刊号作者之一谭筱英是南方某外国语学校的老师。当样刊寄到学校的时候，她已在东北师范大学参加学术研修，于是我们按她提供的新址给她又寄了刊物。大概，这是第一份进入中国东北的《教师月刊》。

几天后，谭老师发来邮件说：“收到《教师月刊》，一口气读完，从没有哪本杂志能让我一字不漏从头看到尾。她是个例外。已经很久不看教育类的期刊了，即便里面有我的文章，也唤不起我的兴趣。而她的出现，让我眼前一亮——她既有教育的哲理，也有生活的智慧，还有诗人的气息……”

在这里引用谭老师的“溢美”之词，并非为了“借机宣传”，而是因为我们从中感觉到了应该怎样来做事才更妥当一些。尤其这个“一字不漏从头看到尾”，除了表达谭老师强烈的教育期待外，对一份教育杂志该是怎样一种惊心动魄的考验！

这“惊心动魄”的措辞显然带有想象的成分，而让读者“一字不漏从头看到尾”却可以作为一份杂志的自我苛求。在中国当代的期刊界，文学杂志率先“死去”，而教育杂志处境尴尬由来已久。我们所能做的，也许就是对“本分”的去蔽、擦亮和敞开。

这里说的“本分”，自然内涵了教育的意味，以及我们所要申明和确认的教育知识、“教师知识”。我们必须承认这样的事实：这些常识正在被遗忘。所以我们不得不面对这样的问题：我们是否一直守护着“教育之家”？这也就意味着——套用一个曾经很流行的修辞——要准备一颗“教育”的心。

总有一些光明的、崭新的、德性的事物呼唤我们去追求。这一颗“教育”的心，将始终保持对世界、对时代、对万物——从本质上说亦即对人的诚实、敏锐与善意。

（2009 年 8 月）

她们带着大夏之书……

郭郭、赵赵、波波又出差去了。她们总是带着书上路。她们带着大夏之书，奔赴千山万水，寻找与之有缘的人。

我们相信这样的书缘，就像相信人间世有我们听得见的天籁。

我们听到，热心如张万祥老师的真切批评和指瑕。

我们听到，一位安徽乡村女教师热诚的电话倾诉，她说："乡村教师无书可读！"

我们听到，电话中湖南省浏阳市教育局一次购书 14000 册的信任与激励。

……

不知不觉就想起拜伦的诗："她优美地走着，就像夜色一样。"你可以认为这就是大夏书系的自我期许。确实有太多的夜色，陪伴我们行走于建设教育文化、服务教师阅读的路上，并眷顾着这一路的足迹与身影。

这大致也是一种自我砥砺。你不能总耽于昨晚星芒的美好，而必须更多地朝着明日的曦光拔节。我们会为一个选题而殚精竭虑，为一个书名而字斟字酌，为一个封面而不懈"斗争"，为一个创意而欣喜若狂。仿若种植一棵棵教育文化的树，仿若迎候一个个教育思考的果实。这大夏之书，是教育之书，大地之书，心灵之书。

生命总等待着一本好书带来的惊喜。我们期待着，在大夏之书所描叙的教育美学里，万物丰沛如春之河，绚烂如夏之花。

（2009 年 8 月）

新学年

对每一个受过学校教育的人来说，九月可谓生命的符号。所谓学龄，九月是一个确切无疑的起始刻度。在教育文化语境中，九月被赋予了“新学年”的丰富意蕴。我国的教师节，就选定在九月。

既是新学年，自然带有仪式感。一般而言，学校会通过开学典礼、主题活动、军训等，来营造氛围、宣扬理想、鼓舞人心。教师节这一天，会有各种集会、庆祝会及表彰活动，为教师献上祝福和慰问。而来自学生的贺卡、电话或短信，更让人感到教师职业的独有乐趣。

新学年也让人生出“时间如流水……”的慨叹。那么，是时间之水把人喂养，还是人建构了时间之水的精神意义？面对从不回头的时间之水，你或者随波逐流，或者在两岸种植自己的风景。

新学年，我们也有“新”的欣喜、向往，如同一棵树对黎明的光辉总是满怀热切的期待。没有这种期待，教育的生活难免成为“钟摆运动”，日复一日，年复一年；而当你有了这样的期待，它将潜滋暗长，哺养并激发生命的不断更新与强大。正是秉持这种“静悄悄革命”的信念，许多教师创造了一个个成长的奇迹。

这实际上也是一种积极的职业情绪，一种阳光的生活态度，一种自我肯定的人生丰盈，一种将产生持续影响的教育力量。

新学年，我们祈愿有更多这样的教育力量朗照我们的校园。因为我们知道，又有那么多的孩子成了学生，又有那么多的父母从此被称作“学生家长”。无论对他们自身——他们的现在和未来，还是对这一片大地，这都是一件非凡的事。

（2009 年 9 月）

教育的凝视

每年都会迎来十月。因为“新中国六十华诞”这个特别的时间节点，今年的十月显得格外显豁、强盛。

就教育而言，此前已有不少诸如“教育六十周年”的叙述。不管怎么说，“总结过去”总是必要的。关键在于，为了什么而“总结”，以什么样的视角去“总结”，“总结”出了什么。

“教育六十周年”，自然带有浓厚的中国政治意味。而在学界，一直有一种“百年中国教育”的学术情结。本期“图说教育”，以略写的方式，通过一帧帧邮票，展开了一个有意思的“百年中国教育”，想必会给读者诸君带来某种“百年”的历史感。

之所以提到这些“教育邮票”，是因为其中的蔡元培先生的目光让人无比感念。那种沉静而敏锐、忧患而深远的凝视，似乎一直在照看着这百年来的中国教育。

这是我们应该不断强调的：凝视，教育的凝视。人的成长的缓慢，决定了教育必须是专注而充满耐心的。这种专注和耐心就体现为一种凝视的力量。

在教师这里，这教育的凝视包含了对孩子、对职业、对自身发展的迷恋与积极期待。当你的目光、精神持久地集中在某一个事物上的时候，这个事物将带给你诸多生命的惊喜。像本期“德育”栏目所专访的丁如许老师，几十年来一直专注于班主任工作和班主任工作研究。他以“精耕细作”的职业方式，打开了一扇意蕴丰富的德育之门。

教育的凝视，实际上意味着某种执着、炽热的教育精神，充满了追寻“好的教育”的渴盼。教育就是一面镜子：你深深凝视着她的时候，她也满怀慈爱地凝视着你的生活。

（2009 年 10 月）

“把自身的重量交给土地”

前不久，瑞典皇家科学院将今年的诺贝尔文学奖授予了罗马尼亚裔德国作家赫塔·穆勒（Herta Müller），这在汉语世界里爆出一个大冷门。很快人们发现，在中国大陆，除了《世界文学》在1992年以专辑的形式发表了她的《乡村纪事》和《地下的梦》、在2003年发表了《一只苍蝇飞过半个森林》等3个短篇小说外，也就《译林》在2001年发表过她的另一个短篇小说《黑色的大轴》。

很显然，对于赫塔·穆勒这个名字，中国人实在是太陌生了！陌生得使有的人条件反射般地生出种种揣测和质疑。可是，为什么非得是你所熟知的？为什么非得让人感到众望所归？必须承认，在我们所自以为了解的范围之外，有着一个更开阔的世界。

我们不知道的东西何其之多！我们错过的美好事物何其之多！正因为如此之多，我们反而不必太在意。我们需要在意的，可能更多的就在我们自己身上，我们内心深处一直潜伏着的另一个“我”。这另一个“我”，有诸多天赋的东西，它们就像我们身边那些细小、微弱的事物，时常被我们所淡忘。怎么发现、激活这些天赋，并使其充分敞开，是一门关乎自身成长的生命功课。

对于教师而言，这其中必然包含了“教育天赋”，包含了那些与“教师气质”相契合的元素。只是，我们一直被赶着，迫不及待地走向“教育的成功”，而难以放慢脚步，细心地自我照料。在这一路上，我们逐渐适应了“常规”，可同时又失却了心灵哺育（对自己、对学生）的意识与能力。

突然想起十月某日，编辑部一干人等作香山半日游时，路遇一松鼠，不禁雀跃欢呼。谁想这松鼠竟一派“跟你玩个够”的从容不迫。它不再胆小，害羞。它已习惯了人界的游戏与喧嚣。

赫塔·穆勒说，待到飞累时，就“脸朝下融进一个夏日，把自身的重量交给土地”。在我们这里，除了把“自身的重量”交给教育的“土地”外，还要为之寻得“教师的根”。

（2009 年 11 月）

对教育常识负责

一个温暖的午后，我和同事应约来到位于陶然亭附近的“周国平工作室”，拜访周国平先生。

除了周国平先生所著的《周国平论教育》，我们还给他带了《德语美学文选》（刘小枫主编）和《做教师真难，真好》（钱理群著）。这些都是我所在的华东师范大学出版社刚刚出版的书籍。

因书，因文字的交往，总给人一些形而上的好奇和惊喜。这似乎就是后来周国平先生屡屡提及的“灵魂的事”。当我们就某些教育话题向他请教的时候，他的态度非常明确：教育要守护人性。所以谈话自然涉及哲学、生命、诗、人、灵魂等这些基本的文化质素。

我问周国平先生：“在您的哲学思考里面，是不是有一个父亲的视角？”他沉吟了一会儿，然后，很坚定地说：“这恐怕是我唯一的视角。”

我没有想到，周国平先生会强调这个“唯一”。在他那里，“父亲”除了是一个人之外，还是一种思想，一种情感，一种文化态度，一种打量世界的方式。那么，我相信，“父亲”也一定是他观照教育的“唯一的视角”。

那个下午的时光似乎过得缓慢，但恰恰适合对教育的轻轻叩问与打开。我深深体悟到周国平先生之“守护”的含义：教育应该形成一种把人引向善、美德、智慧、爱的力量。

既然是守护，必然有抵抗。很显然，在我们所能触摸到的教育文化里，这些，是我们必须警惕并加以“抵抗”的：灌输，控制，支配，规训，逼迫，引诱，过滤……

只是，在作为教师的我们每一个人的身上，或多或少都有这样的基因，所以我们时常处于挣扎之中，所以我们的成长总带着某些复杂的负累与羁绊——至少，我们在习惯了被安排的同时，也渐渐习惯了对别人作出安排，而恰恰忘却了自身的“教学勇气”。

当我们意识到这些的时候，或许对此会有进一步的察觉：不是对人的教育安排，而是让人在教育这里找到怀抱。

这一切没有太多的深意，而仅仅意味着：对教育常识负责。

（2010 年 12 月）

上游开始，下游再见

你一定知道，《教师月刊》刚刚创办半年。

这半年来，除了发现好的教育文字之外，我们最为关切的事情，就是寻访对教育、对教育文化“有大的想法”的人。

之所以强调“有大的想法”，是因为教育或教育文化本身，从来就不仅仅是“教育的事”。真正的“教育之思”，必然唤起人们对整个世界、对人类共同命运的巨大感受和复杂反思。至少，它会提醒你并让你思考到教育的困难与问题，以及人性的纠缠与复杂。

在当下，这种深刻、开阔、贯通的“教育之思”，无疑还是十分欠缺的。机械的辩证法、简单的二元论、庸俗的成功学，大量存在于各种热闹、“敏感”、“机智”的教育言说当中。教育的真相被巧妙地遮蔽，教育的常识离我们越来越远。

对于高处的事物，低下头来反而看得清晰；众声喧哗中，只有低语传得久远。尊敬的你，是不是脚下的影子让你觉察到头上的光？是不是内心深处那另一个你的窃窃私语让你选择着脚下的路……

我们无法回避“某种神圣的存在”的召唤，并不能不面对这样的追问：在基于人、服务人、为了人的教育大地上，教师何为？类似的问题并不空泛。人的成长是需要一个个问题的观照的。人在问题中思考，也在问题中醒来。

这有助于我们强化职业精神的自觉，并获得精神拔节的机缘与提示。

2010 年，我们从这一期杂志出发。千山依旧在，万水总是情。时间之神，在过去、现在和未来之间辗转。我们因此而拥有一条生命的河流：上游开始，下游再见。

（2010 年 1 月）

肯定的力量

在准备采访西藏攀德达杰职业技术福利学校创办人张莉的时候，一个词在脑中反复出现：教育担当。一位都市女性，舍弃了自己蒸蒸日上的事业，全身心投入到义务办学中——或许，用这样的词更为准确：人性担当。

接下来是一个个的问题：是什么信念激荡起她的教育梦想？是什么力量让她穿越世俗价值体系？是怎样的光让她和这个世界、和她的孩子们相互照亮？……我们不仅是为了寻求答案，更是为了追问：在这一片大地上，人的“伟大的可能性”可以打开到什么程度？

那天下午，因为听说我们要采访的人是张莉，好几个朋友都赶了过来，把我们借用的诗人、导演老巢的中视经典工作室客座一角，挤个满满当当。他们朝圣般的态度，让张莉有点不自然。采访由此变成朋友的教育聚会，热烈，丰盈，还有深深的忧患。

我们无法规避，所谓“教育圈”外的人群，对当下教育的愤慨与不满。他们一样说不清“教育是什么”，却清楚“教育不能怎样”“学校不能怎样”“教师不能怎样”。他们在否定着什么，其实也同时在肯定着什么。在这个“应试文化”重重笼罩的时代，“他们”的声音构成一种对美好教育的肯定的力量。

从张莉的身上，我们可以看到对世界苦难的体贴、对生命存在的尊重、对人的成长的信任。它们都是应该在教育中不断被肯定的价值。而教育自身，也需要不断强化这种对美好事物的肯定的力量，让每一个与之“交往”的孩子，都成为这种“肯定的力量”的一部分，并因此而春色满怀，“加入一片新绿的长跑”。

此时已是 2010 年的 2 月。那么，祝福你，祝福在 2 月 14 日同时展开的“春节”和“情人节”，祝福这一天所有的喜乐与爱，祝福我们每一个人都能从中获得自我肯定的茂盛与惊喜。

（2010 年 2 月）

你的关键词建设了你的语言容貌

大体上，每一位教师都有一部“个人词典”：对于这个世界，对于整个生命，对于教育本身，对于自己从事的工作，对于学生，对于教材与课堂，对于自己经历的一切，他有着自己的“解释”。这种解释，不一定都有清晰的语言描述，有的只是以“无语”的形态存在于他自己的感觉里。它的首要意义在于是否属于“个人”，而与正确与否无关。

如同作为出版物的纸质词典一样，教师的“个人词典”，有一些内容可能长期处于边缘状态；而有的内容，总是被反复打开，被反复查询，被反复使用。这些被反复打开、查询、使用的内容，构成教师思维与言说的关键词。

在一个人的精神世界里，关键词是最活跃的一部分。在一个人的倾诉或与人的对话中，关键词折射着他的性情、心思及价值观。回到教师文化的语境来说，所谓关键词，就是教师在职业生活（包括教育发言、教育写作、教育反思等）中经常使用的那些词汇。其中最值得我们关切的是，在课堂上、在与学生的交流中，教师主要使用了什么样的词汇，以及他以什么样的语气、节奏，在什么样的上下文环境中，使用了这些词汇。

有的教师，其关键词散发着呵护、关爱、理解、激励、期待的美好气息，充满一种对生命的肯定的力量；有的教师则相反，他总是在批评，在嫌弃，在指责，在排斥，其关键词夹杂着否定、拆解、破坏的元素。

你的关键词在建设你的职业形象的同时，也建设了你的语言容貌。所以，我们既要避免走进“思想的穷乡僻壤”，还要警惕陷入“语言的穷山恶水”。所以，我们明白了，在学生的心中，有的教师为什么如此高贵、美丽。

（2010 年 3 月）

大地总有孩子跑过

大地总有孩子跑过。

大地上的孩子，她们参与了这个世界最初的苏醒。她们是这个人世间的好奇和惊喜。她们随着四月的风拂过山谷，群峰奔走相告，一阵阵发出生命相依般的共鸣。

我们中的很多人，也许听不见这样的声音，或者是，这样的声音会使他不适、茫然——他习惯的是那种有确定意思并对应于某物的声音。而我们的教育，也往往只作用于此岸的建筑物，只在可以精确描述的地方产生意义，而失去了对远方、对高处、对低语、对内心的敏感和观照的能力。

当人的成长在教育中被窄化为知识的增长的时候，人便可能被从情感、情性、情志、情趣的土壤中连根拔起。此时，纵使设备再精良、手法再先进、技巧再娴熟，教育充其量也不过是小丑的舞蹈。在这个小品当道的时代，这“小丑的舞蹈”对大众的情绪和喜好具有一种决定性的力量——一不小心，你就可能成为小品的一部分，一个场景，或一句台词。

或许，我们无法说清楚，何为真正有益于人幸福、完整地成长的教育，但至少，我们必须懂得去辨识，那些损坏人性、忽视尊严、贬低浪漫、嘲笑真诚、抑制想象的无意之举，并像对待可怕的坏习惯那样，努力去改变、克服。

在这个教育的大地上，只要有绿意萌生，你都要心怀期待：又有孩子，即将跑过……

（2010 年 4 月）

想象一个孩子

当午后的课堂上此起彼伏地响起诵读声的时候，穿过凤凰树的光正慢慢移动在操场上、跑道上、窗台上。

靠窗的第10张课桌一片澄明，语文课本被一双小手翻到第28页，光闪动，你没有读，你发现了一个不认识的字——从这个不懂开始，你进入未来。

你给你的课本取了什么名字呢？还有你的书包、铅笔、自行车……它们都应该有属于你一个人的名字，诸如：臭皮，猪，啊头……这是必要的。你的世界等着你来命名。

如果其中有一篇课文，或一句话，乃至一个词，是你喜欢的，是能够与你的手指头成为一家人的，是可以让你的记忆变得更加奇妙的，那么，这课本就是有意义的。

就像一本好书，它的文字善良、真诚、简洁、优美，和你的心灵有天然的呼应，可以引导你爱上生命，爱上文字，爱上春天。

下课了，你来到操场。昨天忘记的一个故事，你突然想了起来：《猜猜我有多爱你》。"爱"怎么可以猜呢？是啊，"爱"就是用来猜的，"爱"越猜越多，越猜越有趣。你看，大兔子跑过，小兔子跑过。

或许今天你有大的愁闷：写作文。不管怎么样，都不要把作文写得像"女强人"。或许明天就是你好朋友的生日，你正在想象着那种由音乐、

蛋糕、蜡烛、笑脸、祝福做成的欢乐。是的，孩子，想象源自爱，源自美好的情感。因为爱她你才想象她。

所以我们有那么多的感觉器官。它们是为感受这个世界的丰富与变幻而准备的。比如耳朵，它长成这个样子，仿佛水的波纹；它有一滴耳垂，它随时准备收纳各种好听的声音。

这样的耳朵遍布全身。身体就是你自己的乐器。弹奏吧，孩子！无论多远，都不孤独。

（2010 年 5 月）

这个六月，我们不能不悲伤

你无法想象，当这样一些平常的地名——福建南平，广西合浦，广东雷州，江苏泰兴，山东潍坊，陕西南郑——相继出现的时候，触发的是一种什么样的感觉。

这个六月，我们不能不悲伤。

这个2010年的“六一国际儿童节”，在一些家庭那里，只有“六一”，没有“儿童”。

除了在玉树地震中早夭的那些儿童，我们更疼痛着，在3月23日到5月12日短短50天里发生的这6起校园惨案中惨死的那些孩子。

再多的泪水也洗不掉他们流在大地上的干净的血——那一天，他们告别了父母，随之告别了这个世界；有的，甚至就在父母面前告别了这个世界。生命凋零，童年不再。

我们无比羞惭地发现，在突如其来的暴力面前，成人世界并不能给孩子们提供庇护。而那些有幸避过屠刀的孩子，他们的心灵，将怎样长久地纠缠着那一场噩梦！还有，更多的孩子，只是“听闻此事”，他们的成长是否将因此而多了一种对“身边人”的恐惧?

那高高举起的，不是刀斧，而是罪恶，是人性的溃败。所以，我们必须看到，这是人性安全、价值观安全而不仅仅是校园安全的问题。

这一期《教师月刊》是“总第 12 期”。可是我们根本来不及有所谓的“月刊周年喜庆”。我们只听到窗外有一阵一阵的叹息：

下雨了
雨点落在地上
一会儿就不见了
仿佛那些校园里的孩子……

(2010 年 6 月)

没有两岸，只有前方

万物都在自己的秩序里走动。而人是其中比较有意思的一种：他在劳动，思考，相爱，歌唱。还有什么也如此有意思？或许是：水边的青草，跃过水面的风，刚刚过去的昨夜，以及夜色里一闪一闪的萤火虫……

这也是我们身处其中的世界。你无法“把水珠从水中挑选出来”（道辉诗句）。在岁月的长河里，每一滴水，既是喧哗，也是传奇。我们是作为一个人同时也是作为一个教师，怀抱人间并俯身于这一片教育的大地的。

这是我们必须自我觉知的。没有人可以代替我们思考。我们的目光来自我们自己的瞳仁。在这个恒久的世界和纷繁的时代面前，我们需要有一个基本的认识，需要有基本的道德判断力和审美能力，去思考、追问那些基本的人生、人性和文化、教育的问题，诸如生与死、爱与恨、自我与他者、个人与族群、儿童与成人、现实与梦想、科学与人文、此在与彼在、已知与未知……

我们必须抓住这些“本”的、“体”的、“根”的、“源”的东西，并以此为土壤，培植与提升为人、为师的精神品格——除了“教育爱”，还要有民主、平等、对话、悲悯、诚信、担当等公民情怀。所有这些，既是我们安身立命的基石，也是我们教书育人的依据。

只有扎根于此，我们的工作才可能是建设性的，积极影响每一个孩子的，有益于这个时代、这个社会以及这个世界的未来的。

在岁月的长河里，没有两岸，只有前方。我们期待，当你打开这个“教育人文读本”（《教师月刊》2010 年第 7、8 期合刊）的时候，你生命的丛林里，有一个个明亮的事物，在慢慢升腾，轻轻移动。

（2010 年 7 月）

这个时代的教师

对于当下这个时代，教师的反应显得滞慢一些。毕竟，这个时代的变革主要集中于经济领域。潮流人物，主流话语，关键事件，“爆炸性”信息，大都与之直接相关。教师身处其中的所谓教育界，除非热衷于“与经济接轨”，一般都照着自己的节奏，缓缓而行。

这种延后性所造成的“距离感”，对于从事着唤醒与促进人的生命成长工作的教师来说，本来是有益的——它可以让你避免过多地受制于这个时代，减少庸俗文化的侵扰，然后以更简洁的方式坚守那些永恒的教育价值。只是，有的时候，这种“距离感”成为一个鸿沟，把两边隔离开来。结果是，我们的发言（包括说话、交流、写作等），我们经常使用的词汇，我们所建设的教育世界，与这个时代越来越没有关系。

比如说，当你以所谓“90 后”为关键词来描述现在的孩子的时候，你是否真切把握到他们与所谓“80 后”的根本差别？你是否一不小心就进入了“90 后”这个语词的迷宫，而忽略了孩子之所以是孩子的一些生命特质？当某个突出的带有普遍性的教育问题出现的时候，你是否注意到其中的时代隐秘？你的认知机制、言说机制是否呼应着时代的变化而不致板结、失效……

不管怎么说，如果你的思考、你的课堂乃至你的教案，没有抓住世界的变化、生活的变化尤其是孩子的变化的时候，你的工作就可能和这个时代无关。教育自然有其恒定不变的要义，诸如必须基于人，为了人，服务人；诸如必须遵循人的发展规律，尊重人的个性差异；等等。但是，人总是处于变化当中，总是与世界、与其自身的生活、与这个时代，发生着复杂的交互作用。关注、把握这样的变化，实质上是对教育本质的体贴，是与教育本真的拥抱。当你注意到这种变化的时候，你不一定就会把事情做得更好，但至少可以防止你的工作变得更糟。

生活在这个时代，教师显得更为艰难，更富挑战性：“变化”太多了，变化太快了。或许，当你一年之后回到相同的地方时，河流已经改道，村庄再无鸟鸣。你不得不遭遇这样的生命尴尬：你还来不及疼痛，时代的车轮却已碾过了你的灵魂与身体。

（2010 年 9 月）

与这个时代，疑似有关

远离时代，与生活无关——不管是专业的文学批评，还是大众的经验判断，都认为这是当下中国文学的突出问题。

只是，何为生活，何为时代，却不甚了了。大致是，没有涉及眼前的、身边的东西，没有展现高速公路上那些奔忙的影子，就是自说自话、无病呻吟、隔靴搔痒了。

似乎，“时代”就是家里摆着的电视，兜里揣着的手机，办公桌上的电脑，屁股底下的轿车。

你可别说，在诸多“教育言说”里面，所谓“时代”就是由这些物件所形塑；很多课堂，也是在这样的语境中建构教育的时代性的。一个最简明的事实是，在学生的作文中，所谓“时代”正等同于这样一些词语：日新月异，翻天覆地，花团锦簇，气象万千，“今天是个好日子”，“咱老百姓啊今儿个真高兴”……

尤其需要我们注意的是，在不少孩子那里，他们对于这个时代的理解，连同时代本身，已经被喧闹的电视文化、混杂的网络文化、虚假的广场文化、空洞的颂歌文化所裹挟，所钳制。他们快乐的方式，表达幸福的手势，乃至宣泄的通道、叛逆的途径，越来越趋同。他们心中的“时代”，几乎就是一个模具复制出来的“幻象”。

他们在被这个时代命名为“90后”的同时，开始以某种统一的“90后”表情、“90后”动作、“90后”话语方式，对着“00后”说，你们，早着呢！就像当年，他们被“80后”一脸鄙夷地斥责：你个小屁孩！

“时代”不是“时髦”，“时代”也不是“年代”。时代的两岸，有旧人，有旧词，有旧事，有旧情，有旧物，有旧景。时代的深处，有我们必须去唤醒、去追问的一个个真相。

这样的时代，一要警惕人“心”被机器“芯”所替换，一要避免以否定一切来定义自我。作为一个教师，还需要重新检视“自我”与“时代”的关系，恢复“自我”的真实图景和内心奔腾的水流，去辨析被这个时代所屏蔽、所稀释、所打击、所否定的那些教育常识。

（2010年10月）

以自己的故事讲述时代

要避免“小报记者的世界观”，这是我们时时提醒自己的一点。

还有就是，拒绝“实用主义”——不是拒绝“实用”，而是反对把教育的一切“实用化”，反对以市场化的运作模式来做教育，反对把教育推进某种冰冷的竞争文化当中……

只是，在这辆叫作“实用教育”的车子上，已经有很多人习惯了“同车”的生活，慢慢产生了依赖，从心理依赖到身体依赖，最终成为这辆“车”的一句广告词，成为“车”上的一把椅子，为下一个上车者腾出了位置。

于是，所有的学校生活成了同一种生活，所有的教育故事成了同一个故事。一张张“成人”的脸，一样的紧绷、焦虑、疲乏、忧闷，“饱受欺辱的样子”，而难见童年的影子和阳光的气息。似乎有一股强力在把大家往下拉着，似乎有一本显豁的教科书在暗示每一个人做出一个个规定的动作。

也有一些人早早就跳下车来，选择自己行走，却发现一路孤独、悲凉，岔道无数，陷阱重重。

这肯定不是我们所期待的教育生活。可这又是一个什么样的时代？每一个人的心中可能都有答案，却都说不出来，既熟悉又陌生，既卷入又游离。或许这也是这个时代的一个特征。

不管怎样，我们都需要培植丰富的精神生活，以自己的故事讲述时代，在纷繁多变的时代中认出那个原初的自己，寻找那些与自己的内心有细腻呼应的时代元素和关键词，建构既是教育的又是自己的“教育学”，以避免被篡改、稀释得只剩下一个抽象的教师身份。

时代不是刷在我们身上的油漆，而是那些让我们不安、疼痛和欣喜的东西。在这个时代，只有穿透板结的土壤，深深地扎根，从内部生长，才能伸出自己的枝叶，让自己变得更好看、更丰饶，并成为大地健康的一部分。

也许最终你依旧手无寸铁，却一样可以胸有成竹。在那个教育的“小镇”上，你以自己的故事定义和强化了自己的世界观和方法论。

（2010 年 11 月）

2011，从本期开始

当你拿到这期《教师月刊》的时候，我不知道，你有怎样的感觉：是差了些，还是更好一点？2011，我们作了一些改变。

最大的变化，当属封面：2010年主打“教育建筑”，现在走“文艺”路线——我们借鉴了一些文艺类书刊的设计元素。

对于这个风格，在我们所征求意见的教师朋友当中，在编辑部内部，都有争议。“是不是有些冒险”，一些同事的担心不无道理。最后，我还是坚持了某种“个人趣味”。当然，也因为有这样的考虑：让读者从拿到杂志的一开始，就可以读到一些比较有意思的有关教师、教育、教学的文字。

不过，目的是否达到，这样的呈现形式是否合乎习惯，只有留待大家的品鉴了。

内容上，从本期开始，推出“记事”栏目。这是我们对直面教师生活的努力。栏目创意来自永通君。相关征稿信息发布后，来稿的踊跃出乎意料。我们期待那种真实、宽容、充满善意的文字，所以同时要求“避免生硬的抒情、议论和不必要的形容词”。

《阅读》栏目，改原来的专题式做法，为小板块组合，即细分为《阅读·人》《阅读·问》《阅读·刊》三个层面。栏目主持老顾是书痴，喜欢不断挑战自己。这样的变化，应该可以吸纳更多的“一线信息”。

《课堂》《德育》是最为直接对准教师需求的栏目。栏目主持明帅同学做了不少案头准备。他的专业背景使他更擅长为实践寻求充分的学术支持。今年会做更多的小专题、小系列。

《人物》栏目新辟“新青年”专栏，特邀杭州教师王小庆先生做主持。所谓“新青年”，非“年轻教师”之意，而是指时时更新的人。这一期，是武汉教师徐莉。在一篇博文中我曾经写道：“做教育媒体，在徐莉的观念体系面前，免不了是一场冒险。”她不只是一般性的教育阅读，她已进入政治哲学、地缘政治的腹地，因此让人常见常新。

人可以老，但别早早旧去。在这片教育的大地上，要警惕机械的辩证法、简单的二元论、庸俗的成功学、唯求变现的公关术。我们所需要的，或许就是那种健康、美好、有专业理性的教师文化——这也是我们在一点一点践行的办刊理念。

一起在这片教育的大地扎根吧。当你的脚下生出了根，实际上你与世界森林已经紧紧相连。

（2011 年 1 月）

可他依然是教师

今年的春节来得早：2 月 3 日。所以，很多事情都赶着做。这也使得工作难以从容，不少细节，都无法细细斟酌。

不禁想起去年这个时候，筹备“运河之声”——一个有关语文教学和教师成长的活动时的紧张。不过，因为合作方杭州市拱墅区教育局、拱墅区进修学校的鼎力支持，活动于 4 月在杭州顺利开展。

在这次活动上，除了见到有关领导和几位来讲课的学者外，让我更为兴奋的，是遇见了闫学（其实她也是合作方的人）、王小庆、郭初阳、陈开玖、吴丽君、唐泽霞、凌宗伟、刘恩樵等新老朋友。

他们都是运“河边”上的好人。至于他们是不是好教师，由这个春天去判断。

本期《教师月刊》“新青年”栏目，特约主持王小庆“约谈”的就是郭初阳。初阳君认为，教师应该有“教育休耕”的机会，“每隔几年，让教师有机会离开学校，从事别的工作、学习或自我休整，那样的话，教师们就能避免职业倦怠”。估计这是他辞去教职后的一个“切情”体会。虽然，他已经离开了“公办”意义上的课堂，可他依然是教师。

而站在课堂上的人，就是教师吗？这是需要认真省思的。课堂是教师得以站立并强大的地方。所以，他怎么理解课堂、建设课堂，显得至关重要。它至少关涉这样几个命题：课堂因谁而在？课堂除了是知识的课堂，还应该有怎样的价值意蕴？课堂是否有健康、积极、肯定取向的人性追求……

从这个意义上说，好教师就是造就好的课堂文化的人，他由此也建设了好的教育文化、儿童文化和教师文化。为“寻找好教师”专栏采访语文出版社社长王旭明先生的时候，他说，好教师会让人感觉到一种精神引导的力量。这大概可以看作好的教师文化的一个意义单元。

我也做过教师。我知道这不是一件容易的事。我曾经的同事阿添就调侃过我，“你现在所追寻的教师文化，有些凌空蹈虚”。我没有否认。我可能还缺乏深深卷入现实的力量，而更习惯于遥远的联想。

就像此时，我想起了一个古代人的诗——“去年今日此门中，人面桃花相映红”（崔护），也想起了一个外国人的诗——“二月，墨水足够用来痛哭”（帕斯捷尔纳克）。

这样的联想，是我的教育宿命，也可能是我的文化美德。

（2011 年 2 月）

一脸谦卑

入冬的时候，遇几位来京的教师朋友。

他们都是爱书、爱读书的人。教师阅读、大夏书系、《教师月刊》自然成为我们交流的重要话题。

因为职业习惯，我总是爱问，身边的同事都读书吗？

答案每每让人沮丧：少，极少；除非教科书……

似乎，年年如此，“没有大变，也没有小变”。

不过，也不能轻易“导出”结论。

这不仅仅是教师爱不爱读书、想不想读书、有没有时间读书的问题，更是教师对读书、对学习、对成长失去兴趣、动力和信心的问题，背后是普遍存在于教师当中的文化焦虑和认同危机。

所以，这个问题还须放到整个人类历史的长河中去看，放到整个全球化浪潮中去看，放到整个人类现代处境去看。大地无小事。每一朵花都迎着世界的风而开而谢。

我们也聊教育哲学、教育美学，聊地缘政治、文化重建，聊当下教育出版的问题与困境……因为自诩为读书人，自然不觉得酸。

这样的闲谈，常常让人得以自我澄清、自我觉醒，并从某种依附中挣脱出来，产生“为自己立法”的冲动。

争吵也是难免的，拍桌子也好踢凳子也罢，彼此无法说服，但都一脸谦卑。

这大概是乡愁深处的那张脸，爱到恨处的那张脸。

忘记了时节移易，光线斜移。

只是，北京此冬似乎还来不及过，春天就来了。

那么，亲爱的朋友，我已欠下了你一场大雪……

（2011 年 2 月）

你的文字是从哪里并怎样生长出来的

一个偶然的机会，读到了诗人、《南方周末》编辑马莉的文章，其中写她小时候喜欢上学的一段话引起了我的兴趣，我由此产生了一个念头：请不同行业的朋友一起来回忆自己的中小学生活，来谈谈当年自己“为什么喜欢上学”或者“为什么不喜欢上学”。信息发布后，短短几天就收到来稿近百篇（则）。

孩子为什么喜欢上学？原因很简单，或者是喜欢老师，或者是曾经被老师肯定、表扬过，或者是产生了学习的乐趣，等等。

本期《教师月刊》选发的几则文字，告诉我们的就是这样一些常识。同样值得我们留意的，是这些文字本身——它们充满了生命的原汁原味，具有童年的初始感，是未被篡改、未被润色和提炼的那种精神趣味。

同时这也让我想到，作为一个教育杂志编辑，一个“艰难的工作”就是，难免要阅读一些让人难受的文字。这些文章不一定就“不好”，而是，它们所由以立足的“教育”，是人工制造的，是填海填出来的，而非教育本来的那一片大地。这些文章写得越细致、越深入，必然离真实的教育越来越远。

比如，所谓“学校育人术”——当“育人”被当作某种“术”加以探讨的时候，它必然会导向对人的控制和切割。又如，所谓“惩罚学生应注意什么问题”——当“惩罚学生”被当作一种必需的教育手段的时候，对这个问题的探讨最终只能走向教育的反面。在这样的语境下，教育应有的同情、宽容、期待、平等、尊重、对话等要义，就都被弃置了。

这样一些文章，往往还写得观点鲜明、逻辑清晰、证据确凿，一派理直气壮、真理在握的样子。所以，应该说说台湾政治大学教育学院名誉教授黄炳煌先生。从2010年第9期开始，我们与台湾高等教育文化事业有限公司合作，选载黄炳煌先生《教育物语》一书中的文章。这些文章，写的日常的人事景物，说的基本的教育道理，有一种追根溯源的力与美，或者说，它们深深卷入了这一片教育的大地。

那么，你的文字是从哪里并怎样生长出来的？爱默生说：“你的句子应该像从地里挖出来的蒲公英，根很长，粘着泥土，还是湿的。”三月，正是潮湿的季节，或许正适合作这样的思考。

（2011年3月）

PISA 告诉我们什么

2011 年 2 月 26 日下午，应邀参加 21 世纪教育研究院主办的教育沙龙活动，主要听上海教科院占盛丽老师谈“上海 PISA 测试告诉我们什么”。

PISA 即“国际学生评估项目”，2000 年由经济合作与发展组织（OECD）成员国发起，除成员国之外，其他非成员国（地区）也可参与。PISA 通过纸笔测试的方式，重点考查阅读素养、数学素养、科学素养，每三年实施一次，每次以其中一方面的素养为主测试领域；2009 年进入第二个循环，考查重点为阅读素养——在这里需要强调的是，PISA 阅读素养中的“阅读”，既包括语文、英语等语言学科中的阅读，也包括其他学科中的阅读环节和成分，还包括生活中的各种阅读。

可以说，PISA 关注的是人在生存、发展中需要的那些最基本、最基础的能力，是人在现在和将来的生活中必须拥有的那些关键素养。作为一种基于终身学习理念的发展性评价体系，PISA 重点考查的不是学生对所学知识的记忆程度，而是学生在真实场景中对知识和能力的综合运用，以及在这个过程中所表现出来的学习参与度、学习策略和持续学习的兴趣。

2009 年，上海 5115 位 15 岁学生正式参加 PISA 测试，他们在阅读素养、数学素养和科学素养三个方面的成绩排名均为“全球第一”，阅读素养平均成绩为556分，其次为韩国学生（539分）、芬兰学生（536分）和中国香港学生（533分），美国学生排在第26位。

这一结果震惊世界。美国《纽约时报》在报道中援引里根总统任内的教育部部长切斯特·费恩的话说：“简直难以置信，像当年苏联发射第一颗人造卫星一样让我们感到落后。”

对于上海学生取得的三项“全球第一”，目前占主导的看法是：上海教育较好地解决了质量和公平的问题，基础教育均衡发展初见成效。而对其原因，质疑的声音广泛、复杂得多，比如，成绩是通过高强度、高密度的学习换来的，学习成本巨大；在发达的“考试文化”和反复的应试训练下，学生早已习惯了这样的测试；学生在学习上的积极变化主要是通过有组织的自上而下的改革带来的，而非经过个体的主动努力；等等。

而测试本身所反映出来的问题，如学生在概括、反思、自我调控等高级学习策略上的相对欠缺，各方更是将之与整个中国大陆基础教育的诸多弊端联系起来；毋庸置疑，类似问题在其他地区是有过之而无不及的。从一定的意义上说，2009年PISA测试结果恰恰透视了中国大陆基础教育的复杂现实。或许，我们应该进一步追问，当前的中国大陆基础教育，是否部分地存在着“过度教育儿童”、“过度开发儿童智力”的问题——果真如此的话，对于人的未来发展而言，这可能是一种隐患。

（2011年4月）

我满怀深深的教育乡愁

三月，到洛阳；四月，到江苏常熟、昆山、苏州。

都是很富贵的地方。除了风景，更主要的是人，是在那里遇到的教师、校长。

我是有福的，走到哪里都有好朋友热诚相待。我告诉自己：唯有把《教师月刊》做好，才对得起朋友们的关爱。

朋友们之所以让我觉得“好”，并非因为热情款待之类的，而是，彼此的信任、真诚，对教育理想、对美好人性的共同体贴。其背后，是同气相求的心，是彼此从对方身上认出自己的机缘。说句不怎么严肃的话，就是：一对眼神，便知道是“一伙的”。

这两次出行，先后采访了洛阳市教育局副局长韩经权、台湾“生命教育老太太”纪洁芳、常熟市石梅小学校长顾泳和苏州十中校长柳袁照。他们丰富了我对“好教师”、“好学校”、“好教育”的理解，让我更加确信，在这个“埋怨文化”、“嘲讽文化”特别发达的时代，要努力保持对人的善意与宽容，对事的客观与从容，尤其需要小心那个随时都会发作的对一切都充满敌意的自己。

我写过一首题为《你没有敌人》的诗：

请放下前进、成功、胜利这些大词

请避免非此即彼，请避免简单地立靶子
请珍惜你的子弹和情感
请不要轻易给出一个结论
请警惕你身上那些一触即发的“打砸抢”冲动
请细细斟酌你的习惯用语、句式和口气
请赞美头上的光，落下的雨
请在夜色里轻轻挽起爱人的手……

写这样的诗，也是对自身的擦拭与清洗，让自己可以轻装出发，把更多的力量和智性投向这一片教育的大地。

值得我们警惕的是教育本身，是这个时代中那些消极文化对教育生态的破坏，是种种“社会恶”、“行业恶”对人心的破坏，以及我们自己不知不觉就会成为这种破坏力的一部分。

我满怀深深的教育乡愁，不时回望来时的路。我看到自己的童年，从五月桃红柳绿的窗外赤脚跑过……

（2011 年 5 月）

童　念

25 岁时全裸出演电影《颐和园》的演员郝蕾，其演艺生涯一直充满争议。就我有限的了解，我觉得，在这个时代，在当下娱乐界，她有一种特别难得的性情，甚至有一股“女歹徒”的气息：不假装、不示弱、不回避、不妥协、不多要，认准了就载欣载奔——当然，她也是不合时宜的。

刚会说话时，郝蕾就指着电视对奶奶说：“我以后一定要进到里面去。”上中学后，同学当她神经病，因为她老劝同学，抓紧买个本子让她签个名，要不以后就不容易找她签了。她说，“我一直有一个强大的意念，我一定要做成这件事”。

在我看来，这不是所谓理想，也不是所谓早慧，而是童念——出自人的生命源头的一种神秘的念想，某一刻被打开或自行打开后，便把自身确立在“黄河之水天上来，奔流到海不复回”的亦喜亦悲的人生处境中，从此粘贴于此，执着于此。

这是我从郝蕾的现在去看她的过去时而产生的看法，甚至，我启用了一个珍藏已久的词：童念。在人的成长中，童念是一股固执的力量，有时足以消解任何来自“他者”的规约和教育。我相信，在郝蕾的身上，童念还是一种对抗的力量：我偏偏不按你要求的那样去做、去活，我自有我的人生地图。

我们可以想见，郝蕾曾经是怎样的一个“坏学生”。当她由着自己的童念去过学生的生活时，难免与现行各种教育制度产生摩擦、碰撞甚至冲突——在这个过程中，她必然也吸纳、汲取了教育中的一些好的元素。15 岁那年，她考取长春电影制片厂演员剧团，后来又求学于上海戏剧学院表演系。1997 年，她以电视剧处女作《十七岁不哭》一举走红，开始进入被人“羡慕嫉妒恨”的行列。2009 年出演的电影《白银帝国》获第 29 届夏威夷国际电影节最佳电影奖，2010 年凭电影《第四张画》获第 47 届金马奖最佳女配角——尽管在此期间，《颐和园》带给了她一些麻烦。

之所以谈郝蕾，是因为她让我想到很多教育的问题，诸如童念之于一个人成长的意义，诸如怎样关注、尊重每一个儿童的童念和个性，诸如怎样以多元的眼光去理解每一个孩子各不一样的精神生态和成长方式，等等。很多时候，只要我们有这样一份情怀，教育一定会少去很多遗憾和懊悔。

回想自己的人生，你是否也有过自己的童念？当你生命的种子渴望萌芽时，是否错过了春天？当你一心想做快乐的土豆时，是否被强迫成长为苹果……

郝蕾并非特例，其人生经历的特殊性其实也是人性普遍性在她身上的反映。我也并非以郝蕾为人生的样板，每一个人都有他自己最适合的气候和土壤。

不过，我还真喜欢这个生于 1978 年的天蝎座女孩说过的一句话："我是一只鹰，你不要老让我去排队，大雁才排队呢。"

（2011 年 6 月）

教育所需要恢复的……

国内媒体的体育报道，总是习惯于战争、军事那一套话语，例如，“北京时间5月9日，NBA季后赛继续开战，小牛主场迎战湖人进行双方第四场比赛，……湖人依然抵挡不住小牛的万箭齐发，小牛主场122：86以36分的巨大优势屠杀湖人……”（引自“搜狐体育”）其中“开战”、“迎战”、“抵挡”、“万箭齐发”、“屠杀”等词语，无一例外是各大媒体相关报道的关键词，有的干脆使用如此耸人的标题：“36分大屠杀！小牛4：0横扫湖人”。

平日看电视，主要看体育节目，所以对此感受颇深。诸多竞技体育项目尤其是身体对抗性比较强烈的，在国内媒体的话语框架里，总是充满斗和狠。诸如“重创”、“消灭”、“力斩”、“血洗”、“屠戮”这样的字眼，将本应蕴蓄着健康、力量、美、合作、尊重、公平、友谊的体育竞赛，描述成了兵刃相见的战争和杀机四伏的恐怖事件。它只是报道了体育信息，而没有同时传播体育文明，反而暗示了体育暴力的某种合法性。

这种体育报道的战争化隐喻，不仅是修辞的问题，更是思维和文化的问题，反映的是对“体育即战争”、“体育比赛即你死我活”的无意识认同。

之所以说了这么多的“体育”，是因为我感到，现在的教育话语，也时常陷入类似的语境，在叙事中借用或嵌入了竞技体育（或其他文化形态）的话语，诸如，已广受诟病的“不要输在起跑线上”之类的。

有人发现了其中的问题，就说，教育不能只关注起点，关键还要看过程中的坚持和后程的发力。于是，这样的观点出来了：教育不是百米跑，而是马拉松。似乎，教育观有了积极的转变，但细细斟酌，其实都在一个窠臼里：不管是百米跑还是马拉松，它们都是比赛，都强调竞争的性质，都暗含“要争第一”的意思。往深处追究，这种“教育即竞赛”的思维方式，躲藏着“成王败寇”的文化隐喻。

这正是需要我们警惕的地方：喻体不当，本体的真实身份、核心价值就难免被遮蔽、被剥离乃至被抽空。至于每年中、高考时节必定甚嚣尘上的“考场如战场”的说法，更是把教育、把对教育的思考引向残酷的“丛林”。在我们身边，还有多少诸如此类非教育、毒教育、反教育的教育话语呢？

而像叶圣陶先生所谓“教育是农业而不是工业”，在我看来，才是体贴人性、让教育之善充分敞开的美好叙事——它准确地握住了教育“慢”的、“个性”的、“顺应自然”的本质。

努力寻找教育的喻体，反映了人们对“教育是什么”（和“什么是教育”）的本体性幽思。在教育改革风起云涌、教育问题枝节丛生的当下，这必然是一种普遍的话语冲动。应该看到，很多教育的真理、好教育的质素，常常就是这样生成的。关键在于，任何有关“教育是什么”的比喻性叙述和判断，必须真正能够引导人们把注意力集中到教育上来。

所以，对于当下的教育，在批判和建设之外，还有一件事可能更重要：恢复——除了恢复教育常识外，还需要恢复顺应教育本真的思考方式。

（2011 年 7 月）

这个时代的教育困境

“7·23”甬温线动车追尾惨剧发生后，几十年来中国经济发展的“速度主义”取向，彻底露出了狰狞的嘴脸，并作为一个社会问题迅速成为公众声讨和宣泄怨气的对象。

曾看过一个笑话，说某地交警部门在高速公路上立了一个警示标语：“谁开得快，谁死得快”。多么可怕，笑话中的公开诅咒变成了我们身边血淋淋的现实！

速度主义最大的问题是违背规律。与之相伴相生的，是一种叫作“锦标思维”的东西，即一切都必须“跑在别人前面”，最好是“世界第一”。在这个过程中，这种锦标思维会逐渐制度化为“锦标文化”，它通过各种手段，诱导人们以之为荣，并对之顶礼膜拜。纠缠其中的，还有对广场效应的热衷：必须上规模，必须产业链，必须区域化……

这一切的背后，有一股强大的力量：利益驱动。在不同程度上，每一个人都被其所裹挟、绑架和修改——有的甚至被连根拔出，不仅失去了身体的重心，连灵魂的居所也不知所向。

在这个时代症候群的影响下，我们的教育一派山头林立，旗帜纷飞；三两天就出现一个新的概念，五七日就产生一种新的模式——有人谓之百花齐放，百舸争流。于是，河岸聚满取水的人，他们现取现喝，而不管水的源头在哪里，也顾不上考虑此水是否适合自己。

在这股“潮流”中，有多少顶着“改革”名义的“大跃进”？有多少打着“学习先进”旗号的“跟风”？

这样的情况我们见得还少吗——开始时一哄而上，结局是一哄而散。

这种现象所产生的恶果之一，就是教师对教育改革逐渐失去信任和信心，自身的专业发展慢慢失去动力和后劲，从而堕入更为严重的“路径依赖”，即回到原地，并变得固执。

我一点也没有否定“实验”、“探索”、“尝试”的意思，改革也好，重建也好，提速也好，总需要一些先行者。只是，不管以怎样的方式、速度和规模“先行”，从大的方向说，都必须符合规律，关切人性；就教师而言，则应该是“与我有关，对我有用”；而其最本质的指向，是真正有益于每一位学生的学习与成长——他们不仅在学业上获得进步，更在心智方面得到爱与尊重的浸润。

一定要避免这样的情况出现：一列列“教育高铁”，带病上路，沿途又缺乏完善的预警系统和安全保障机制……

（2011 年 9 月）

你的“段落大意”是什么

这个时代的中国教育是否有一个“中心思想”?

我所看到的，大抵上是这样的“时代状况”：教育行政体系所设定的教育目标呼应着国家伟大而正确的核心价值观，而主流媒体所描摹的教育世界却充满“教育进化论”的调子和“教育成功学”的冲动；诸多教育改革或明或暗地纠缠着种种现实利益诉求，而教育学术研究的目的、“成果”却难以与之“咬合”；学校层面的“发展”更多地成为学校管理者的“意志狂欢”，而教师个体所关注的是自己认为有用的东西，或只是被动地参与自己的内心与之并无呼应的某种“改变”……

凡此种种，不宜简单作出好或坏、对或错的判断。在“好”与“坏”、“对”与“错”之间，有着繁复驳杂的话语困境。我们需要在这些事情上付出巨大而艰辛的努力：恢复教育常识，探寻“教育是什么”、“教育为了什么”等基本问题。

有关论述可谓汗牛充栋。就本人有限的阅读而言，我特别认同德国哲学家卡尔·雅斯贝尔斯的观点：“教育是极其严肃的伟大事业，通过培养不断地将新的一代人带入人类优秀文化精神之中，让他们在完整的精神中生活、工作和交往。”

至少，到我写作此文的此时，这个意思正是我思考教育教学问题的逻辑起点和价值根据。那么，我所理解的教育，必然包含这样一些要义：美好人性的启蒙，个体精神的唤醒，群体意识（不是那种抑制个人意识、无视个人权利的所谓集体主义）的培育，等等。也就是说，教育（学校、教师）要和学生（“新的一代人”）一起探索、发现真理，让学生形成自我教育的意识和能力，学会对自己、对他人、对社会和大自然负责，“自由地成为他自己”（卡尔·雅斯贝尔斯）。

就本性而言，每一个人都一刻也未消停自由的欲念；只是，大家都已习惯了控制和被控制。所以，这样的理念常常被视为轻盈的东西，难以落到地上，与现实无关，甚至有碍于现实问题的解决。

然而，就是有人给出一个明确的“中心思想”，也很难得到广泛的认同——我们似乎失去了那种具有自我更新能力和自我纠错能力的“共同语言”，似乎进入了一个“去中心”的教育时代。每一个人都陷于对自身不利的处境，每一个人都有自己的教育学，每一个人都“概括”出了他所认为的那个“段落大意”。

很多时候，大家可能手拉着手前行，仔细一看，彼此伸出的其实都是假肢——你的“段落大意”和我的“段落大意”，指向各自的“中心思想”。更要命的是，一旦看不到山峰，就开始赞美矮子，然后渐渐失去了对高大事物的知觉，直至形成厌恶、否定和嘲讽“高大之美”的教育习俗。

（2011 年 10 月）

我们都是“临时工”

这个时代，再大的事件都会被改编成笑话或闹剧。诸如“有关单位”，一有员工出糗或闹出什么有违职业道德、社会公德的事，面对媒体和公众的质疑时，其习惯性回应常常是：“他是临时工。”

很多时候，这只是个幌子，是为了推卸用人与管理上的责任，甚至是“栽赃”。其背后的理路是——先贬低当事人的身份：把“领导”说成“一般公务员”，把“公务员”说成“一般职员”，把“职员”说成“临时工”；再转移视线，做心理分析：如果是“公务员”，那是因为有“抑郁症”，如果是“临时工”，那是因为“工资低、压力大、没有前途”，所以“行为出格”。

如此逻辑，如此对“临时工”身份或其他“无伤大雅”身份的刻意强调，无疑是冷血思维的一种本能反应。难道，“临时工”犯错的可能性总是更大？难道，“临时工”出了问题，“有关单位”就可以少担责？……这里面，除了隐含可怕的等级意识外，还深藏着某种流氓哲学：对人的极度不负责和极度不尊重。

临时工制度，自有其历史合法性，但不能否认，各种行业里面的“临时工”，一直在无奈而又心酸地承受着极其不平等的对待，比如，学校里的代课教师。而今，“临时工”竟还成了一个丑陋的词，进入“小姐”、

“同志”、“干爹”的行列。

吊诡的是，“临时工”正是这个时代的一种内在模式，也是不少人的职业取向。在“发展”异化为“速度”的当下，“临时工”恰逢其时，大家齐心协力，在“打造”某种“临时工文化”的同时，也慢慢成为“临时工文化”的一部分。

他们只为眼前利益努力，只为近期目标负责。要命的是，这种“临时工文化”早就侵入教育，并制造了诸多“教育形象工程”、“教育发展规划”和“教育改革模式”，无视教育的长远意义不说，更背离了教育的本来价值。“百年树人”被简化、浓缩为“一年养猪”，甚至：一季种菜。

大棚教育、激素教育、嫁接教育、反季节教育、转基因教育，一应俱全，轮番上演。多么伟大而高效的“教育临时工”！它们可以把各种资源迅速而集中地利用起来，只是，它们同时在破坏着这些资源的再生能力。

“积劳”必然“成疾”，“久病”却不一定“成医”，尤其教育，尤其是教育被剥离了常识以后。

当我们都成了“教育临时工”，每一个人就不必再担什么责。所谓责任感、使命感，也就成为一种相互嘲讽的话语。不过，有一点却是需要铭记在心的：对于这个人世间来说，我们，每一个人，都是过客，都是“临时工”。

（2011 年 11 月）

我们，每一个人……

今年暑假，我到老家福建漳州出差。因为要拜访一位作者，就打了个车。上车后我说，关上车窗，开空调吧。司机说，要开空调的话，我不走了。我问为什么，他只有淡漠的一句：没有为什么！

可以感觉到，他有很多怨气，心中藏着不平。这并非个例。工作的关系，我经常打车，一个突出的感受是：的士司机中，和颜悦色的少，面无表情的多——这次，干脆就是这样的遭遇。

说实在话当时我差点发火，很想推门下车，天气的燥热本来就够受的，但最终还是忍住了。不是我有多宽容，而是我想到，每一个人的生活，都有其不易之处；每一个社会群体，都有其特殊的利益诉求。

在这一片大地上，有多少人带着不满在奔波劳碌？有多少人为了生活而经受着不公平的待遇？而在挨挨挤挤、匆匆忙忙的人群中，消极情绪总是更容易传递到别人身上。也许，这位的哥，刚刚被某种消极情绪所晕染。

对于这一点，我有越来越清晰的认知：应该“体贴”与“同情”他人的困境。我们，每一个人，都活在自身的运命中，活在自身的喜乐与伤痛里，都需要与他人“共情”。

当下，“建设学校共同体”正在成为一种共识。在我看来，这个“共同体”的要义之一，就是人与人之间的“共情”。所谓教师专业发展，也需要有这种“共情”力量作为基本的支持——我们需要从种种宏大叙事的冲动中走出，回到师生关系上，回到教师自身与他人的关系上，回到教师与其自身的关系上，来反思、探讨和达成教师专业发展。

人性的复杂，决定了：爱恨交错，好坏难分，才是人生的常态。况且，爱的对面不一定就是恨，好的对面不仅仅只有坏。在爱与恨、好与坏之间，有着诸多难以言说的生命纠缠。

教师不仅是诸如蜡烛、春蚕、园丁这样的文化符号，他还是作为职业者的个体，更是生活中的一个“个人（男人或女人，老人或青年……）”。当他出现在某个教育场域的时候，他除了带着某种文化身份，也必然激活“个人”的力量。所以，教师对学生的爱，除职业之德使然之外，更关键的可能是人性之善在起作用。

比较复杂的情况是，一个教师的文化身份与其“个人”秉性有时是存在冲突的；甚至，一个教师的文化身份在认同时代要求的同时，其“个人”秉性却对这种时代要求有排异反应。这是我们不能回避的教师的精神困境。

所以，我们比任何时候都更需要有一个共同的精神传统——这个传统，不是用来控制、捆绑，而是为了烛照，为了敞亮，以便我们可以借之窥见自己与教育之善、与真正的教育的距离——然后，就是作为人的良知与教育的常识。

(2011 年 12 月)

教育之善

2010 年第 1、2 期，《教师月刊》先后发表了央视记者白岩松先生两篇有关美国校车的文章。写到美国校车司机时，白岩松先生说，“他们的工作不是为了赚钱谋生，而是为了完成某种善举”。

这样的职业态度，在一个缺乏公共担当和公民文化的社会，是很难普遍形成的。对于普通大众来说，“完成某种善举”可能更主要的是因为曾经得到过他人的善待。那些时常受到伤害或一直不被尊重的人，很难想象，他的内心对陌生的人有多少善意。

在人们相互戒备的心理愈来愈强烈的当下，教育如何参与善的文化的建设，显得尤为重要和迫切。其中最为关键的是，教育需要以善的方式来实现自己：一方面，逐步消除无视人的尊严、权利、个性、差别、局限、困境的各种做法；另一方面，不断激活、强化和播撒爱、尊重、平等、关切、体贴这些美好的因子。

只是，在强大而无处不在的应试文化面前，这样的意见有时会被讥为矫情，被斥为书生意气，被归到不识时务的行列。或许，这正是当下一个巨大的教育吊诡：对于狗洞来说，高大的身体只能成为笑话。

所以，有些时候，在学校体制之外，我们更容易感受到教育之善。

2011 年 12 月 4 日，我参加了清华伟新教育基金“新公民计划”年终活动“新公民园丁奖颁奖典礼”。这是一个面向全国民办打工子弟学校教师的教育公益项目，在北京、上海、广州、深圳、成都、昆明、苏州、贵阳、温州、银川等10个城市组织评选，近400所学校、16000余名教师参与评选，最终有401人分获金粉笔奖、中流砥柱奖、坚守奉献奖、教学能手奖、优秀班主任奖和优秀教师奖。

正是有这么多坚守在全国各地民办打工子弟学校的优秀教师，有这么多教育公益志愿者，有这么多致力于教育公益事业的慈善人士，在国家教育政策覆盖不到的地方，在政府有关部门不作为导致的教育不公问题频发的地方，无数贫困家庭的孩子，无数流动儿童、留守儿童，才不至于失去快乐和希望。他们是这一片大地上的“教育好人”——尽管无法从根本上改变中国教育的现状，但他们给中国教育增添了青山绿水般的善意。

“善”，不仅应该是一种教育理念，还应该成为教育的根。这样的根，造就着一棵棵健康、茁壮的教育之树，也改善着它所在之处的土壤、水系乃至整个气候。由《凤凰周刊》记者邓飞先生创立并推动的“免费午餐”公益项目，在广泛发动民间力量和精英阶层的爱心的同时，正在成为国家意志，惠及越来越多贫困地区的孩子。而更大的希望在于：这些润泽着教育之善而成长的孩子，能够向往光明、热爱夜色，不惧黑暗与风雨，并汇成新的道德力量，带给这个社会更多的爱与温暖。

（2012年1月）

恢复教育的痛觉

“恢复教育的痛觉”，是我在山东滨州经济开发区教育局组织的讲座上一个一闪而过的念想。

当时我谈到，当下的教育，已经失去了痛觉神经，对诸多正在发生的问题，反应迟缓；对各种潜在的问题，无法预测。

如果我们把教育比作人的身体，那么，所谓教育的痛觉，就是教育的一种内生机制，一种对已经出现或即将冒头的问题的敏感反应。

这种反应，类似于父母之于孩子。比如，父母爱孩子，首先不是什么责任和伦理的问题，而是，不爱或没有机会爱孩子的话，父母会难受，会不安，会痛苦。爱孩子，本来就是身为父母的人的一种精神需求和身体机制。

教育之所以会失去痛觉，原因之一是这种身体机制趋于麻木；原因之二是对“痛”的自动删除；原因之三就是来不及疼痛，就进入狂欢，痛感瞬间转化成兴奋感。所以，所谓一针见血，正面临失效的尴尬：有时候，你一“针”下去，尽管对准了部位，却见不到一滴“血”。

教育的缓慢和复杂，决定了在改革与发展的过程中，不管其原先的设计多么完善，都必然问题丛生。教育改革与发展的过程，就是不断发现和解决问题、不断调整和优化路径的过程。

对各种问题的敏感，是保证教育能够按自身规律健康运行的重要因素。教育失去痛觉，正是失去了这种敏感性。所以，类似的事故反复发生，相同的风雨去了又来。一些似是而非的观念，一些统一规划的模式，一些片面地以考试升学为核心的做法，被普及，被推广，直至成为标杆。

对于这些问题，并非所有人都浑然不觉。只是，有的因为从中获益而随遇而安，有的因为身陷惯性而无法挣脱，有的因为深深的无力感而“从善如流”……

教育的水土由此日渐污染，并将逐步失去自我更新、自我修复的可能。这除了关系教育自身作为一项事业的前景外，更牵涉到教育所服务的对象——一代代的学生。教育之好坏，最终必然在学生的身上产生作用，进而影响一个社会的机体与命运。

从这个意义上来说，恢复教育的痛觉，就是恢复教育的“学生本位”，能及时发现学生的欢乐与苦痛，能体恤学生的失落与不安，能宽容学生的错误与“落后”，把学生的平安、健康、快乐、学有所获，作为教育之所以是教育的基本准则。

这些年，我跟交往过的教师朋友交流最多的一个看法就是，要经常回望自己的童年，经常回想自己成长路上的种种惊喜、兴奋、好奇、惆怅、难过、悔恨和恐惧。这样的话，对自己的学生（以及自己的孩子），一定会有更多的耐心和柔情。

对于教师来说，恢复教育的痛觉，就是恢复一颗无处不在、无时不在的与学生共情的心。

（2012 年 2 月）

让“儿童”深深扎根于教育

同事W说，她上幼儿园的时候，父母送她上学，每每站在校门外，看着她一级一级台阶走上四楼，进入教室后才离开。有一次，她进教室前习惯性地回头看了看，发现校门那边不见了父母，于是冲下楼来，追了出去，一边哭喊着：“为什么不等我进教室后你们再走啊……”

在小时候的W眼里，父母的“目送”是一种仪式。在这样的仪式中，她可以感受到父母的关注、重视和爱。或许，父母因为有急事要办，所以提前了那么一点时间离开，但是，对一个小小的孩子来说，“目送”的仪式没有完成，她就感受不到生活的完整，她甚至觉得自己突然间被忘记、被遗弃了。

类似的情况，很容易被归为“挫折教育”——因为，这种似是而非的观点大有市场：不能事事顺着孩子，不能什么都满足孩子。于是，父母的“提前离开”具有了某种合理性。这时，我们似乎进入了一个文化困境：是“成人标准”，还是“儿童中心”？

在这个问题上，我觉得，我们应该认真反思的命题是：“成人标准”和“儿童中心”并非同一个逻辑层面上的事情，“成人标准”必须以“儿童中心”为价值前提，任何无视或贬抑“儿童中心”的“成人标准”，不管它有多么顺理成章，都是值得怀疑的。

比如，当我们为某个校园文化活动显豁的“广场效应”而欣欣自得时，是否考虑过，学生有没有实实在在地感受到尊重、快乐，并因此而更加热爱校园生活？再如，当我们设计出了内容丰富的班级工作计划时，是否注意到，其主题有没有充分考虑到学生的实际需求和成长需要？又如，当我们热烈地讨论“教师上课的效率”时，是否意识到，其实首先应该反思“学生学习的效率”……而现实的情况常常是，在各种教育事件中，只有成人的狂欢，儿童（学生）只是成人实现狂欢的载体和手段——问题的严重性还在于，长此以往，儿童（学生）必然逐渐习惯这种校园生活，并慢慢产生认同感、舒适感。

所以说，越厉害的教育，对儿童人格的完善、人性的完满的伤害越大。当然，也有那么一小部分孩子，天生“木讷”，什么样的教育刺激都影响甚微——他们说着自己的“教育方言”，对学校、教师那一套强大而无处不在的“教育普通话”，反应滞缓，或者过耳即忘；他们是校园里面的“飘忽者”、“不在场者”；他们只心动于自己的世界，自我教育，自我成全。

当“儿童”不存在，或者被作为附庸，或者没有得到恰切的呵护和有力的肯定时，教育是贫瘠的——只有“儿童”、“儿童文化”、“儿童中心”能够深深扎根并茁壮成长，教育才可能是富饶，生动，水分充足的。

（2012 年 3 月）

艰难的儿童

前些天参加一个家庭教育沙龙。一位从事出版工作的母亲说，去国外求学多年的儿子假期回家，一个考上国内某知名大学的同学来找他玩，请他帮忙完成一份英语作业："我得花费两周时间，你拨弄两个小时就完了。"儿子觉得不可思议："你是学生，写作业是你的责任，怎能请人代替?"他毫不犹豫地拒绝了同学的请求。

这位母亲说，替同学写作业，我们已经司空见惯，甚至把它作为"好朋友"的一部分，可是对于已经认同并习惯了"做人必须诚实"、"学习必须靠自己"这样一些价值观的儿子来说，却是无法接受的。她也告诉儿子，你这样做，在我们这里，有点不近人情。最后她说，如果有条件，还是让自己的孩子出去读书吧——不过，以后回来生活的话，可能会有种种不适应。

我感觉得到她的矛盾与无奈。在我的身边，这样的母亲或父亲不在少数。当农村家长们欣羡着城市的孩子能够享受"好教育"的时候，一些城市家长选择了让孩子逃离：或者"在家上学"，或者送到国外。

继出现于1970年代末期和1990年代初期的第一波、第二波移民潮之后，以"教育移民"为主体的新中国成立后第三波移民潮正在形成。2011年4月，招商银行发布的《2011中国私人财富报告》称："近

60%接受调研的千万富翁已经完成投资移民或有相关考虑。而亿万富翁（可投资资产规模在1亿元人民币以上）中，约27%已经完成了投资移民。”除了生存环境安全、生活自由、资金及投资风险小等因素外，这“潮”中最强劲的水流之一正是教育——他们希望自己的孩子能享受到真正的“好教育”。

尽管，“教育移民”集中出现于经济发达地区，集中出现于富裕阶层和中产阶层，但我们应该看到，它所折射的问题是普遍的，是深深嵌在整个中国（大陆）的教育肌体里的。他们为什么舍得让孩子远离？又因何作出了“家庭分步移栽”的决定？刨除各种复杂的现实动因，这位网友的话是颇具说服力的：“孩子不必在中国式累人的价值观中长大，不必在人与人的无谓关系上花精力，可以自由成长。”

如果说，现在的中国家长有诸多无奈的话，那么，孩子的教育问题大概就是其中最大的叹息。从入园到升学，从编班到转学，从作业到考试，从补习到接送，从课内到课外，从周一到周末，环环节节，层层面面，无不令他们感受复杂，心存焦虑。如果我们把孩子的成长环境放大到整个社会，自然会更加揪心——瞧吧，饮食、穿衣、出行这些最基本的生活内容，水、空气、阳光这些最基本的生活元素，可谓危机四伏，隐患重重。

而当我们从一个人的完整成长、健全发展的需要来看时，我们会发现，这个时代的教育不但没有教给儿童身体健康之道，还以规训、惩罚、等级、“反德”等方式，压抑着人的爱、善、自由的本性，教育文化本身也愈来愈多地夹杂了盛行于成人世界的那些潜规则和厚黑学。

每一个儿童的成长既充满奇迹又面临种种艰难，其中最大的艰难是他成长在一个不利于他健康成长的环境中，并且没有丝毫改变的可能，或者，任何改变都将带来本不该付出的代价。

（2012 年 4 月）

走饭之死

学生自杀，这些年似乎多了起来——有关数据显示，不是“似乎”，而是“确实”。这里暂且不谈这个——就其原因来说，人们总是很自然地将之归于现在的孩子过于脆弱——经不起一点打击，过于自私——只由着自己的性子而全然不管将给亲人带来痛苦，等等。

2012 年 3 月 17 日晚，南京金陵科技学院江宁校区金融专业大四女生走饭（微博署名）在宿舍内自缢身亡。如果事情仅仅如此，可能也就引起一阵唏嘘后而归于平静。第二天 10 点 54 分，人们吃惊地发现，走饭事先通过皮皮时光机（微博定时发布器）留下遗言：“我有抑郁症，所以就去死一死，没什么重要的原因，大家不必在意我的离开。拜拜啦。”

此时，人们关注的焦点已不仅在于一个孩子的自杀，而更多地在于这个孩子对于死亡如此漠然、淡然的态度。走饭此前所发的微博，被无数网友一一翻阅。人们发现，这个患有抑郁症的孩子，一直存在自杀的念头。有人将其微博上的文字分行成诗，转帖到诗歌网站上，并准备结集出版。

除了“死”，“我妈”也是走饭微博中一个不时出现的词。在走饭调侃、戏谑的叙述里，一个操心、无助而又无奈的母亲形象呼之欲出：“‘嗯嗯！说完心里舒服多了！感谢医生啊！’——我妈语。每次我去看病，我妈都被治愈了……”“‘你从小就不开心，买玩具给你，你也不开心。’我妈说。”

这个时代，一个孩子的成长有多艰难，母亲就有多艰难——“小学时我妈的要求是：90分以上。初中时我妈的要求是：70分以上。高中时我妈的要求是：及格就好。现在我妈的要求是：活着。提出这些要求对一些母亲很难，但我妈做到了，我妈真得（应为‘的’——笔者注）很棒！”

很多很多的话，也许走饭都只是对着网络这个虚拟、空茫而又生机勃勃的世界说。她在这里找到了安全感，并得到她在校园生活中所无法得到的内心呼应。她深深地躲在人群中，像大树后面的阴影，她一直在，只是你很难发现到她。

这大概也是当下中国孩子的一个典型形象。在成人（包括父母、教师）面前和在同龄人面前，很多孩子的表现往往是截然相反的。你看到的那张灿烂的笑脸，可能刚刚被忧伤的泪水冲洗过。

对于现在的孩子，我们到底懂得多少？当一个孩子突然间变得陌生，我们是否只是以所谓“冲动”、“逆反”来解读？当一个孩子出现“异常”的时候，我们是否有所准备……

需要警惕的还有，所谓“80后”、“90后”、“00后”的命名。表面上看，它们关照了某一方面的普遍性，实质上它们切断了这几个“年代”

的孩子与作为教育概念的“儿童”的基本属性之联系。况且，这些命名本为社会学所用，将之简单移植到教育研究、儿童研究中来，势必造成“意义的遮蔽”；也容易导致先入为主，给变动不居于成长中的孩子们贴上不恰当的标签，并以此认识和判断来设计、实施教育。

以前，教育中的儿童是未来的圣人，所以圣人越来越少，神圣的事物也越来越惨淡。现在，教育中的儿童是现实的病人，所以病人越来越多，人的病情越来越复杂。这是中国教育的吊诡之处。走饭之死，发生于大学宿舍，疼痛于中小学校园。

（2012 年 5 月）

人生不只有“前进”一个方向

对于所谓“不让孩子输在起跑线上”，已经有越来越多的人意识到，这是一个严重的教育误区。

在批判这种“胜在起点”的教育逻辑的各种声音中，有一个观点很是流行：教育不是百米跑，而是马拉松。

在我看来，这个观点本身及其立论依据，与它所反对的意思并无差别，甚至比之更为可怕。首先，不管“百米跑”还是“马拉松”，都意味着教育是竞赛，是竞争；都意味着整个过程布满“速度主义”的雾障；都意味着对“赢”的追逐，对“终点”的迷信。其次，当教育成为“赢者通吃”的代名词的时候，“马拉松”对人的完整成长的破坏可能还甚于“百米跑”。

人生当然有一个起点，有一条起跑线。只是，现在这条起跑线被不断前移：从幼儿园开始起跑已经来不及，胎教中就应该做好起跑的准备，甚至，在一些新婚夫妇的“造人计划”里，便有“怎样跑得更快”的元素与冲动。这是问题之一。其二，这条起跑线，往往被定义于知识教育上。所谓起跑、前进便只有知识积累的意义，只是知识多少及知识掌握程度高低的较量，至于孩子在这个过程中所付出的代价，其身体、心灵、人格可能受到的伤害，就无暇顾及了。其三，绝大多数孩子都只能站在这一起跑线上，以被训练得差不多的姿势和节奏，沿着既定的轨道，朝着相同的方向奔跑。

当教育成为竞争、成为向前跑、成为不超过别人就“死”得很难看的事情时，它必然将所有的人都捆绑在一个发展向度上。前进是唯一的，速度是最重要的。这时，被鼓励的是对他人的超越，被欣赏的是“勇往直前”，被褒奖的是“最后的胜利”。

更要命的是，这一切并非在尊重儿童、肯定童年、呵护童心的前提下进行的。这个时代的成人文化所标榜的前进、胜利、成功，以显赫的身份、强大的权势、闪耀的财富为图腾，再经由教育制度、校园规训、课程教学、考试评价等载体，慢慢进入儿童世界，同时逐渐有力地改造着儿童的生活、学习与观念——他们起跑，不是因为身体有向前的冲动；他们发力，不是因为感受到成长的喜悦；他们加速，不是因为看到前方出现美丽的风景；他们冲线，不是因为想给等在那里的妈妈一个拥抱……

于是，当下中国教育大致呈现为这样的图景：以知识为起点，在知识的跑道上，一齐向着某个知识目标往前冲。不能否认，这样的教育模式对于有些孩子来说是合宜的。只是，当它成为唯一的模式时，那些不适应的孩子（一般情况下是大部分孩子）因为无法按部就班、顺应规则地前进，就必然落后，成为“拖后腿”的差生——如果他还是“不听话”的孩子，那么最终可能会被“踢出局”。

我并非反对前进，也不是鼓吹爬行主义。我想说的是，人生是多元的发展过程，它不只有“前进”一个方向——除了一条轨道上的前进，还有各种向度的开放性成长。如果一个人的人生被牢牢裹挟在这种“前进文化”之中，其人生之丰富的复杂性和可能性必然被排斥、被贬抑、被遮蔽，乃至被彻底否定。

（2012 年 6 月）

在成人与儿童之间

大概，这是我的教育观念体系里面最沉重而又最无力的一个词：儿童。——在这里，所谓儿童，即联合国《儿童权利公约》所界定的“18 岁以下的所有人”，自然涵盖了我们通常所说的中小学生和幼儿园的孩子。

在当下的教育现实中，被反复强调的是成绩、速度、规模、效益等显豁的东西，而决定教育成为其自身的“儿童性”却常常被搁置与遮蔽。所以，当我们以儿童为讨论的主题时，儿童便成为一个批判性的概念——对儿童的确认、肯定和褒扬，往往意味着对当下教育无处不在的等级文化、广场文化、效率文化、竞争文化的拒斥与否定。

之所以有这么多教育的“负文化”，很重要的原因在于：当下中国教育意义上的儿童，只是成人诉诸要求、愿望，灌输知识、教条的对象与客体，或者说，他们只是坐在作为教育者的成人对面的所谓受教育者。

成人总是先入为主、一厢情愿。所以，在每一个儿童的周围，都有很多给他“添砖加瓦”的人。儿童是成人想象的“儿童”，儿童的需要被转化为成人所认定的“儿童的需要”，儿童的成长成为儿童在成人设定的跑道上“快步前进”。很多东西都来自他人所强加，而非从儿童自己的心灵中自由生长出来。

每一个儿童都是带着自己的成长背景、感觉系统、情绪性格、个性体验出现在这个世界上，以自己的方式和世界发生着交往，逐步实现生物发展、认知发展、情感发展、社会发展的。所以，理解儿童，认识儿童，建立正确的儿童观，是教育的起点，是教师工作产生意义和价值的前提。从这个角度来说，有一个问题需要我们省察：在每一个教师的精神世界里，至少有三个“儿童”——一个是他童年时的自己，一个是他理想中的儿童，一个是与之共同创造教育生活的儿童（也就是他的学生）。这三个“儿童”直接参与了教师的儿童观的建设，影响着教师对儿童的认识和理解。

人的成长（从儿童到成人）不一定是一个所谓进化的过程，它总是在各种因素的作用下，做着生命的加减法。每一个儿童在拥有那些恒定的儿童属性的同时，其生命形态必然带着深深的时代印记。就此而言，教师尤其要避免这样的态度：以自己的童年经验排斥和否定当下的儿童——其典型的话语方式便是：我小时候是那样的，你怎么能这样？

了解儿童需要怎样的精神生活，体悟儿童的生活处境及可能的生命困境，无疑是教师的必修课——而修习这个课程的过程，正是与儿童深度交往的过程。唯有如此，教师才可能形成明确的“儿童认同”，成为真正的“儿童对话者”，并藉由“对话”与儿童分享蕴含其中的教育之善和人性之美。

（2012 年 7 月）

“生源”这个词

每每读到这样的话语，心里总是百味杂陈：由于地处城乡接合部，所以学校生源比较差；或者：因为是偏远地区的学校，所以生源质量堪忧……

按照商务印书馆第5版《现代汉语词典》（2005年出版）的解释，生源即“学生的来源”。这显然只是从户籍的角度而言的。在教育实践中，除了这层意思外，生源的概念还涉及学生的家庭背景和成长环境（地理位置、教育氛围、文化习俗等）。

那么，为什么非城市地带、非中心地区，其生源就是“差”（或相对“差”）的呢？在我看来，如果这个逻辑可以成立的话，那么，“生源”一词的合法性和合理性应该予以质疑。

作为一个教育概念，生源一词蕴蓄“研究学生、理解学生是教育的起点”这样的学术诉求。生源研究本来就是教育教学产生积极意义的必要前提。但是，上述逻辑隐含着文化上的地域歧视以及机械的“经济决定论”：经济越不发达，人的素质越低，人的发展性、可塑造性越弱。

为什么诸如此类的“生源观”总是此起彼伏，频繁出现于一些教育报刊、教育文件、教育会议以及各种教育场合呢——尤其当人们在分析、讨论教育教学质量问题的时候？在这种“生源观”的背后，又存在着一种什么样的学生观？

从大的环境看，根深蒂固的城乡二元结构所造成的教育、医疗、劳动就业、社会保障等方面的不平等，不仅是一种普遍而显豁的现实，还诡异地转化成了整个社会的学生认证标准：城市的孩子总是比较优秀的，乡村的孩子一般都是比较差的。

从教育内部看，当前的办学模式、课程建设、教学方式尤其是选拔标准，一直存在城市化冲动，其价值取向更多地趋于城市中心而极少综合考虑乡村实际及其发展需求，如此必然更适合也更有利于城市孩子的升学与成长。

在这样的内外作用下，乡村孩子经受着社会制度和教育模式的双重盘剥，其自身本有的优势因为不被肯定而不再是优势，劣势因为有人为的“城市标准”的对照而更成为劣势。与之共生的问题是，乡村文化可能随着乡村孩子童年生活的被动的城市化改造而逐渐消弭。

诚然，城市孩子和乡村孩子必然存在差异，同样是城市或乡村的孩子，他们也必然有各自的不同。这种差异和不同，本身就是一种教育资源，应该把它作为促进所有孩子学习、成长的起点和契机，而不是把它变成给孩子“贴标签”、将孩子分成三六九等的依据和借口。

接下来需要追问的是，乡村孩子的先天素质、内在潜力及发展的可能性就一定逊于城市的孩子吗？或者说，乡村生源就一定比城市生源差吗？

如果你认为，教育首先应该考虑如何适应孩子的需要，教育最主要的就是对人的创造力、价值感、生命意识的唤醒与呵护，对人的善意、爱心、美德的激发与肯定，那么你就会意识到，这样的比较是多么荒谬，这样的问题可能就是一个伪命题！

当生源成为一个对学生进行先入为主地分门别类的语词工具时，就应该把它从教育中剔除出去；同样的道理，当生源成为所谓“教育市场”的一个考量维度时，也应该被摒弃。

（2012 年 9 月）

马小平老师

2012 年 9 月 8 日，参加了由企业家王瑛女士和钱理群教授共同发起的“‘寻找来自一线老师的声音’主题座谈会”。这个会，也是马小平老师的追思会，和马小平老师为学生编著的人文素养读本《叩响命运的门》正式出版的发布会。

生于 1953 年的马小平老师，1982 年从湖南师范大学中文系毕业后，回到家乡的湘潭十中做语文教师。十年后的 1992 年，他到了东莞中学。又一个十年后的 2002 年，他来到深圳中学——这也是他教育生涯的最后一站：2012 年 1 月 16 日，纠缠了他八年之久的脑部淋巴肿瘤，终于从他所热爱和热爱他的人们手中夺去了他。

三个“十年”，时间在马小平老师的身上出现了惊人的巧合。或许，人生有多少奇迹，岁月就有多少宿命。

第一次听到“马小平”这个名字，是 2010 年年初采访钱理群教授的时候。当时曾一闪念：应该做一个马小平老师的专访。直到 2012 年年初，从 2 月 9 日《南方周末》的报道《一个中学老师的“教育家梦”》中读到马小平老师去世的消息，才意识到自己作为一个教育媒体人，有多么的迟钝和慵懒。

也正是因为读到这个报道，王瑛女士在微博上发起“寻找活着的马小平老师”活动，随后找到钱理群教授，并通过他联系了马小平老师的家人

及其生前的学生、同事、朋友，和一批一线教师、教育学者，于第 28 个教师节来临之际，在北京西山大觉寺，共同追忆马小平老师，追问中国教育，追寻“马小平式的教师”。

对于马小平老师，此前我大体上是这样的印象：喜欢阅读、思考，喜欢送书、送碟给同事，致力于学生人文素养和公民意识的培育，自觉从人类文明和世界格局的大视野下来审视当下的中国教育问题……

如果说，这样的印象已足够支起我对一个优秀教师的想象的话，那么，马小平老师生前同事、朋友的发言，更让我意识到应该从“低处”、从凡常生活中来体贴一个人的生命之优美、精神之丰盈。因为一次培训而与马小平老师成为挚友的清华大学附中崔琪老师说：“那次培训，他看到班上四十多个鼠标太脏，就一一擦拭干净，让大家开开心心地上课。”东莞中学周剑光老师说：“学校组织大家出去旅游，他总是最后一个下车，跟司机交流几句，夸赞司机的驾驶技术，感谢司机的辛劳。”

这个时代，不乏满怀教育忧患的人，其中不少把自己导向愤世嫉俗，或自命清高。马小平老师的高贵之处在于：他的教育忧患镶嵌着社会道义、人性关怀和世俗情感——在这个人们越来越习惯于相互戒备的环境中，对于他人，他永怀信任、真情与善意。和他相处，一定是一件迷人的事。视马小平老师为精神导师的深圳中学青年教师王赫说：“如果我手中只有一杯酒，那一定是用来敬他的。”

照惯常的典型塑造模式，马小平老师可能会被冠以“师德楷模”之类的称号。不过在我看来，主流话语所认定的“师德”无法涵括马小平老师身上最重要的那一部分——他只是按着自己的教育理想和价值尺度，帮助学生在一个辽阔的时空背景下确立人生坐标和青春的起点，切实践履并积极影响身边的同事共同担起一个教师的职业本分。

当然，作为前行者，马小平老师也付出了让他非常难过的代价，比如来自家长的“为什么不教课本内容”的责问，甚至是已习惯并认同了应试规则的学生的不理解。所以，有时我会想，他是否因了“革命军马前卒邹容”，而给女儿取名叫“马前”？

（2012 年 10 月）

“经验”之根

2012年9月15、16日，大夏书系、《教师月刊》在南京组织了三场座谈会，主题是“教育与出版”，与会者有教师、校长、教研员、教育局长和教育学者等。

会上有诸多切中肯綮的精彩发言，我在本子上陆陆续续记了四五千字。其中华东师范大学教育学系副教授周彬老师的观点，让我对“经验”一词产生了新的思考。他说，教师的专业成长，当前最大的问题在于太强调经验。

周彬老师是在分析“教育学在当下教育实践中的缺席”时谈到这层意思的。在我看来，这番思考或许还与他到华东师范大学海宁实验高级中学（即江苏省海宁市高级中学）担任校长有关：当一个教育学者持续沉浸于某种教育实践现场之中，难免遭遇“经验”之痛。

这么说并非要否定经验的价值。谁都活在一定的经验之中，受着经验的暗示和导引。不过问题也出在这里：当你的经验已经无法应对新的情况、无法解答新的问题，而你因为缺乏这种自觉依然执着于此，或者因为无视现实的变化一味固执己见时，经验就会成为负担和障碍，影响你的价值判断和行为方式。

周彬老师所说的“太强调经验”，除了有“太强调自己的经验”的意思外，还包含“太强调别人的经验”之意，他说：“太依赖名师的结果是，一个西施培养了成千上万个东施。”我想，这应该是针对当前盛行的“名师工作室”模式而言的。

对于这个问题，朱煜老师在接受《教师月刊》记者朱永通老师采访时，他们有过这样的交流：“名师工作室有一点我不太赞同，它往往以某一个名师为中心，集合了一圈人，这是一种小团体。”“这样的小团体一不小心就容易变成个人崇拜，容易导致精神的窄化……”这往往是因为：把名师的教学经验视为通行模本，把名师的个人经验放大为普遍真理。

学习名师经验确实是一个有效的成长路径。但学习不是复制，不是粘贴，不是以别人的经验替换自己的思考与探索，而是在自己的心灵土地上植树造林——你所应该做的，就是保持好它的生态，使之生机勃勃。如此的话，就是一颗小小的种子，也能在这里扎根，让这一片土地充满源源不断的自我改良、自我更新的生命力。

当然，不是所有的物种都适合你。所以有一个选择的问题。选择什么，怎么选择，又关涉你的思辨能力。当下时代，社会开放，文化多样，价值多元；是非之间，真假之间，善恶之间，对错之间，有层次复杂、意义交叉的中间地带，个人思辨需要有一个坐标系。

对于教师而言，必须清楚一点：你是为了什么而进行思辨和作出选择的。一方面，教师基于学生而产生意义；另一方面，教育要在变动不居的时空中不断面对一个个人的成长。由此，为了每个学生的学习和成长便成为这个坐标系的内核。没有一定的经验，自然难以胜任教育工作，但如果这个经验背离了这个“内核”，其职业行为就可能走向教育的反面。

不同的教师，经验的形成与发展必然有着不同的路径和方式，但有一点一定是相同的：对人、儿童、学生和教育的正确理解，构成教师经验之“根”。当这个经验之“根”纵连历史、横贯世界、呼应时代、通达未来的时候，它必然成就为一棵伟岸的智慧之树。

（2012 年 11 月）

教育的乡土

2012年11月16日，与梁小斌、叶匡政、陈进、周国平诸先生叙谈。除了教育，大家还聊了莫言及莫言作品。我也谈了自己的看法：莫言的小说，“乡土”是精神内核；将莫言的“乡土”和鲁迅的“乡土”、沈从文的“乡土”相比较，即可体悟其丰沛、热烈和独到之处。

在我看来，文学上的“乡土”，除了具有地理学意义外，更意味着童年、记忆、怀念；它既是那个“原创”的人生，还是不断建构中的精神居所；而且，它作为某种意象，拓展着文学的疆域，也形塑了创造这种文学的作家的新的“乡土”。伟大的作家，都是创造了自己的“乡土”的人。他以乡土之根培植文学之根，同时建设着属于他自己也属于这一片大地的生命之树。

由文学想到教育，“乡土”何尝不是一个基本母题和关键性内涵！当前应试体制下的教育，人文坍塌，技术横行；课程单一，结构固化；道路越走越窄，生命越来越轻。对于学生来说，童年等于上学，校园只是考试的地方，家乡余剩一个门牌号码。

这自然是就大体情况而言的——在一些学校、一些课堂、一些教师那里，教育是切切实实为着学生的健康成长和人性尊严而设计、实施并因此产生意义的。但谁也无法否认，更多的地方，教育已大面积地失去自己的“乡土”，失去自我更新的机制和能力。它掏空了脚下丰沃的土壤，换之以水泥和钢筋——不是说教育必须拒绝水泥钢筋，而是说，作为本应以生命润泽生命、以人性滋养人性、以智慧启迪智慧、以知识激活知识的教育，正变得越来越僵硬、急躁、势利，一手抓速度，一手抓“夺标”，制造着一波又一波的规模宏大、气氛热闹、表情统一的广场效应。

我们可以看到，当下很多教育变革，关键性的动力和推力并非来自教育本身，而是源于行政的规划或民间的觉醒。而有一些看似由教育内部产生的所谓“改革”，却是奔着教育之外的目的而去的，其结果难免是：每向前走一步，必然付出后退三步的代价。

很显然，当下教育普遍存在“被消费”的冲动。不仅教育，诸多领域亦然。在这次叙谈中，梁小斌先生说，大概有一些中国作家从此不再写作了，“他们在有生之年，已经看不到第二个中国籍作家获得诺贝尔文学奖的希望”，他甚至还列举了几个我很熟悉的名字。这位在 1979 年写过著名诗篇《中国，我的钥匙丢了》，后来因为意识到这首诗“只是控诉主义骗局的变种”、“无形地毒化着后人”而深深忏悔，表示应该将其从“诗歌经典”中剔除出去的诗人，我相信他有足够清醒而严肃的判断。

“莫言获诺奖，真好，诺奖由神话变成了身边故事，中国作家从此可以平常心对诺奖了，得和不得都没什么大不了了。”10 月 11 日，莫言获得诺贝尔文学奖的消息发布后，周国平先生发了这样一条微博。

文学也好，教育也好，都需要一份平常心。作为一个媒体从业者，我需要时时提醒自己的是：要避免带着被消费、被围观的目的，避免以所谓“史无前例”的态度办刊、做事、谈教育；对于类似“最美”、“史上最牛”的极端说法，和那些暗藏着专制、强权、暴力元素的习惯表达，要保持一种“古老的敌意”。大概，这也是我的“乡土”的一部分。

（2012 年 12 月）

教育需要在基本价值上反思

写作本文的时候，正处于2012年年底。

许多媒体都在做“年度盘点”，框定或爬梳年度人物、年度事件、年度感动、年度新闻、年度热词、年度视频等。有的关注社会大势，有的聚焦个人命运；有的力求挖掘时代深意，有的试图还原发展细节；有的客观呈现，有的夹叙夹议；有的义正词严，有的娱乐八卦……且习惯冠以“十大”的名号。

《教师月刊》未能“免俗”。这些年的“第12期”，做的都是“年度教育专号”，虽然不凑“十大”之类的热闹，但也是着眼于“年度盘点”，“记下”每年值得记住的教育信息、问题与现象。

不过，“有意思即有局限”，有彰显就有遮蔽。所谓“年度盘点”，自然难逃这一话语宿命。我们需要思考，我们因何并基于什么而“盘点”。不同的媒体有不同的视角和取舍，甚至有偏见或误读。这些都不是太大的问题。值得警惕的是，其中是否宣扬了无聊，粉饰了太平，传达了伪善，鼓吹了奴性。价值观有问题的话，所谓“年度盘点”就可能成为一场有毒的盛宴。

与媒体的“年度盘点”有些类似，每到学期末或学年末，各地教育行政部门、学校及相关机构，都有总结、表彰或评比。通过这些事情，或褒或贬，或臧或否，皆暗含价值导向。

我想说的是，在一些发言或总结材料中，常常出现这样的句式："上至局长（校长）下至家长（学生）……"。上下之别，前后之分，当是常态，所谓社会规则。但在关涉生命存在、人格尊严的问题上，所谓上、下，前、后，难免成为对身份、等级和"权力崇拜"的渲染。

2012年"两会"期间，温家宝总理在回答中外记者有关政治体制改革的提问时说，当前，"'文革'错误的遗毒和封建的影响并没有完全清除"，"改革到了攻坚阶段，没有政治体制改革的成功，经济体制改革不可能进行到底……'文化大革命'这样的历史悲剧还有可能重新发生"。

所以，我也理解了，为什么不管是副总理任上还是当选中央纪委书记后，王岐山在很多场合都会推荐法国历史学家托克维尔的《旧制度与大革命》。"不惜一切代价发财致富的欲望、对商业的嗜好、对物质利益和享受的追求，便成为最普遍的感情。这种感情轻而易举地散布在所有阶级之中，甚至深入一向与此无缘的阶级中，如果不加以阻止，它很快便会使整个民族萎靡堕落。然而，专制制度从本质上却支持和助长这种感情。"在这本研究法国18世纪特别是大革命历史的经典著作中，这段话被广为引用，或许是因为它也命中了当下中国的时代之病。

我们看到，民主、法治、宪政、公民、权利、自由等一系列曾经"敏感”的词汇，开始频频出现在知识界的讨论当中；更多的国家问题、政治问题、官员问题、社会问题，不时被暴露于公共空间。

这些词汇和问题，都纠缠着人的问题、教育的问题。所以，教育需要在爱、平等、尊重、同情、正义这些基本价值上进行自省与反思，“要思考如何防止出现更坏的世界”（托尼·朱特），为社会的健康发展贡献智慧和力量，为人的幸福生活提供引导和支持。

2013 年，我们依然有美好的期许——像春天守候着小草的萌发与葳蕤。

（2013 年 1 月）

二月书单

我曾经写过一首诗，被一些朋友记住：《如果我爱两朵花，其中必有百合》。写得如何，我不敢多说，但对于这个题目，我还是比较满意的。套用这个句式，我想表达一个意思：如果我爱十个词，其中必有“二月春早”。

如果你是我的同龄人或比我再大一些，读到这个词，想必会接通对一部国产电影的记忆：《早春二月》。这部被认为是“新中国十七年电影‘异数’”的知识分子题材电影，改编自柔石的中篇小说《二月》，因为“宣扬资产阶级人性论和阶级调和论”，1964 年上映不久即遭严厉批判，直到 1970 年代末才得以“平反”，并很快得到国际影坛的关注，1983 年，在葡萄牙第十二届菲格拉达福兹国际电影节上被授予“评委奖”。差不多这个时候，我在老家祠堂前的广场上看到这部电影。

时光已去数十年，但其中的诸多意象，像淡淡的水墨，一直氤氲于心头，诸如：1920 年代，江南小镇，青春，爱情，挣扎，徘徊，出走，投身时代洪流……

我爱“二月春早”，根源就在于观看电影《早春二月》的童年经验。此外还与一句话有关：人勤三春早。当年在老家，每到农历岁末，很多乡邻央请书写春联，我最喜欢写也写得最顺手的就是这一句。

在语词的密林里，为什么我如此钟情于“二月春早”？当我开始思考这个问题的时候，似乎又懂得了一些教育和阅读的道理。英国哲学家怀特海有一句话被广为引用：“当一个人把在学校学到的知识忘掉，剩下的就是教育。”这个“剩下的”东西，就是对人的一生有用的东西，即人的自我教育的意识和能力，同时应该看到，这个“剩下的”东西，是由那些被“忘掉”的“知识”支撑起来的。

比如，我对电影《早春二月》的偏于写意的记忆，自然不是学校教育的直接结果，但学校教育给予我的东西一定在暗中强化了我生命中的浪漫主义成分。当然，不断渲染我的悲伤的关键还是阅读——我所读过的书，尽管大都被风吹散，但有些话语一经过目便转化为内心的山水，让我一直寝食难安，诸如，“春天开过花就走了”（泰戈尔），“除了春天禁止入内”（谷川俊太郎），“二月，墨水足够用来痛哭”（帕斯捷尔纳克）……大概，阅读可以使人认出自己，使人明白自己在这个天地间的位置和分量。

与学校教育相比，阅读的一个突出特点就是自主、随兴、人与书的大面积对话。由此我又想到“知识如何授受”的问题。教师如果只是一味灌输，必然导致机械训练的过程和臣服于知识的结果；反之，如果是“千方百计地促进交往”（佐藤学），包括师生之间、学生之间、学生与文本之间的“交往”，那么，学生就有可能充分打开自己，进入倾听、分享、对话、合作、质疑、反思的学习状态，避免成为知识的奴仆，而是成为知识的学习者、建设者和创造者。

人的成长大概是这个大地上最为神秘的事。你的枝枝叶叶花花果果，都源自生命根系的勃勃朝气。对于成长中的人来说，好的学校教育，就是让他的根扎得更深、更广，并保持强大的吸水和固水能力。好的阅读，也莫不如此。

二月春早，万物更新。我需要开一个“二月书单”，在前行的路上不断滋养自己。

（2013 年 2 月）

至少，不要成为坏的样本

每年春节回到闽南老家，必做的几件事之一，就是给小辈发个压岁钱。我把它当作喜庆新年的一个主题。

越来越多的人说：还是免了吧，省得给来给去的。但我固执己“行”，并常常激动于这样的场景：当你给小朋友送上小红包或其他小礼物时，他是那样惊喜、兴奋，还有微微的羞涩，最后不忘对你说一声“谢谢”……

压岁钱是人们礼尚往来的一个载体，更是成人世界给予儿童的温情与祝福。现在，在某种程度上，它竟被当作成人之间物质交换的符号。

从数学的角度说，我给你的孩子 200 元，你给我的孩子 200 元，结果确实是谁也没有“受益”，且多了礼节上的“麻烦”和时间上的“浪费”。

只是，生活不是数学题，生活也不只有时间一个维度。当大人们忙着计算各种成本，斟酌“给压岁钱的利与弊”的时候，孩子们的情感世界难免越来越苍白、单一。

我也知道，有些人，是很善于借助压岁钱（以及生日红包、节日礼物等），与权贵攀上关系或加深“感情”的。当然，这已经背离了压岁钱的本义，自当别论。

时代的变迁，生活的改变，带走了很多传统习俗和人间风情。对此，我们需要思考，哪些是应该扬弃的，哪些是无法逆转的，哪些是应该保留的，哪些是孩子们必须拥有的。一个孩子的学习与成长，离不开这样一些要素的参与：正确的价值引导、积极的心理体验、美好的情感分享、良好的行为养成，等等。

这除了需要神圣事物的引领和伟大精神的召唤外，日常生活的熏陶与浸润更是重要。今年正月初一，我带着女儿打了个车去看望朋友。付车费时我随口说了声“谢谢你，新年好”就下车了，女儿告诉我：“那个师傅笑得好开心啊！”

那些天，我跟很多朋友说起这个事；年后上班，编辑部的第一次会议上，我也情不自禁提及这一声“新年好”和那一个笑脸。我说，我相信，那个师傅一定会把他的好心情传递给坐上他的车的人。

不是说我有多高尚、多正面。在我们所能觉知的时空里，让人难受的事情频频发生，有时候我也会成为“让人难受”的一部分。我所理解的“人生的艰难”，主要不在钱很少、住很差，而是一不小心你就犯下错误并且毫不知情，或者自我纠错机制突然失灵。

我们是因为有了孩子而成为大人、有了学生而成为教师的，很多时候我们就在与孩子（学生）的交往中展现自己、发现自己、成就自己。而孩子（学生）的身心总是处于开放状态，随时吸纳着这个社会的所有信息。

每每想到这一点，我就不寒而栗。所以，有时候我会暗自庆幸：我终于不再做教师——对我来说，做教师几乎就是一个很冒险的事。

“在孩子面前”，教师“仿佛是世界上所有成年居民的代表，指着它的沟沟壑壑，对孩子们说：这是我们的世界”（阿伦特）。或许，我们每一个成人、教师，都是“沟沟壑壑”的一部分。

还有什么比这个更麻烦的吗？孩子们在成长着，在迎接着他们的一个个新年、新的学年。我们也是。只不过，我们多了一个责任：传达善意，建设美好——至少，不要成为坏的样本。

（2013 年 3 月）

我们需要什么样的“减负”

前些天，北京一所学校的校刊跟我约稿，话题是“减负”。

要求只是“200 字左右”，但我还是斟酌了好一阵——这个话题，并不好讲。最后我给了这样一些话：

> 如果从江泽民在 2000 年 2 月 1 日《人民日报》上发表《关于教育问题的谈话》算起，“减负”迄今已有十三年。只是，中国教育似乎有其自身固化的逻辑，依旧照着制度惯习一路奔忙，“风雨不动安如山”。
>
> 问题出在哪里？高考？用人制度？社会价值观？独生子女政策？在我看来，所谓学生“过重的课业负担”，在很大程度上是成人的判断。什么才是学生的“负担”，成人其实所知不多。在一些地方，“减负”甚至成为“政府关心教育”、“成人关心儿童”的噱头。
>
> 同时，我不相信，把现有的教材、课程、作业、考试、竞赛“砍掉三分之一”，学生的“负担”就能真正降下来。这种手术刀式的动作，并没有抓住问题的核心——教育，首先要研究儿童，要研究儿童怎样学习和成长才是合适的。

2000 年，我还在老家教育局做事，当时就参与组织“减负”讨论。我做了

“文献综述”，发现早在1964年，国家高层就有有关学生“减负”的批示。

在当下的媒体宣传中，“学业负担过重”主要被描述为书本多、课程多、作业多、考试多、补习多、竞赛多，学习时间过长，睡眠严重不足，心理压力很大。

在这些“多”里面，有多少是成人先入为主的目标设定和单向灌注的理想设计？当成人认为儿童应该什么都懂时，就加诸各种学习任务；当成人发现这将揠苗助长时，就摁起了删除键。

这是一种什么样的教育哲学和“减负”哲学？所谓“学业负担过重”，是不是成人的现实焦虑在儿童身上的投射？我相信有这个可能：在中国，成人总是习惯于以自己的感受判断儿童的感觉、置换儿童的体验，最终改写了儿童的真实处境。

纵观各地的“减负”，可谓奇招频出，但主要是以物理方式，对着成人所认为的那些“多”做机械的“减法”——尽管在政策上提出诸如优化课程、优化教学等要求，至于结果如何，则无法控制和调整。因为，它绕开了学生的学习困境，没有揳入学生的学习机理，从什么样的学习才真正有益于学生的能力发展、思维发展、身心发展的角度，去作准确而细微的甄别、诊断和梳理，而是习惯于社会运动式的一刀切、一窝蜂、一阵风。也就是说，现行的“减负”机制与学生的学习机制，是两个系统的各自运行，自然也就无法形成“改革”的张力。

所以，这样的“减负”，几乎就是一场折腾，换来的是教育生态的残损、学校运行的混乱和教师教学的不知所措（除非他自有教育的定力），而最遭殃的还是学生——他们仿若城市或经济发达地区的“农民工”，不仅毫无权益与尊严可言，连正常的学习生活都时时受到冲击。

十三年时间，足够让一个孩子完成从小学到高中的学业，让一个懵懂的幼童成长为拥有自己的世界观和方法论的青年。在他们青葱美妙的年华里，教育是作为一种唤醒和解放的力量参与了他们的光合作用，还是成为一种“逆环境”阻滞着他们咔嚓作响的生命拔节？

（2013 年 4 月）

内心的奴才

《教师月刊》2013年第5期“卷首”，本来想写“教育是一种什么样的劳动”，“‘4·20’雅安地震”后，思路逐渐被“灾难”一词拖拽过去。这些天，满脑子的废墟、帐篷和愁苦的脸。

刷新浪微博，读到北京大学中文系教授臧棣的一首诗：《雅安，一个巨大的倾听》，不禁感叹：真是得来全不费功夫！马上联系臧棣，很快得到“同意刊用”的答复。于是临时调整版面，安排在本期“人文”栏目刊登。

得益于网络，这首诗被广为转载，很多人都给予了很高的评价。诗人俞心樵说：“这首诗值得我们欣慰。”为什么是“欣慰”？因为，他认为，曾经有很多“灾难诗”，造成了“惨不忍睹的文化事故”。

大概，俞心樵所说的“惨不忍睹的文化事故”，包括了五年前某省作协一个副主席以“汶川大地震”遇难者口吻写的那首“著名的鬼诗”，诸如这样的句子：“十三亿人共一哭，纵做鬼，也幸福。……只盼坟前有屏幕，看奥运，同欢呼。”

这首价值观错乱的诗（词），引发了国内文学界、理论界“面对灾难如何写作”的热烈讨论。《诗歌与人》主编黄礼孩先生专门策划了一个“‘5·12’汶川地震诗歌写作反思与研究”专号，约我写一个。恰好，当时我正为曾供职过的海峡文艺出版社编“地震诗选”，在各种报刊、论坛、博客上，阅读了大量以地震为题材的诗歌作品，有很多话想说，就写了一篇诗论：《你和大地，有多大的距离》。

应该说，那个时候的权力叙事，有一种急于将灾难转化为革命动员、张扬公德和政治胜利的意图。这种气候下的诗歌写作，大都带有某种“加入大合唱”或“化悲痛为力量”的话语冲动，结果难免是：只有“地震”，没有“诗”；或者说，只有一样的“诗”，没有独立的“人”。

也是在近日的微博上，我看到有人将老家漳州与雅安如此联系起来：漳州市市长是雅安人，雅安市市长是漳州人，“这两座城市，缘分不浅”。我有些激愤，当即留言：“再大的苦难，也不忘媚官媚权啊！”

我想到的是，在我们的内心，是不是都住着一个奴才？这种献媚的“艺术”，是不是已经化作一种身体本能？我们的语词喜好，裹藏着多少跪着的骨头？我们的抒情习惯，包含了多少“进贡”的成分？那些理直气壮、义正词严的表达当中，有多少是我们自己所认同的东西……

这个内心的奴才，有时候还会变成独裁者——他视奴颜媚嘴为最美的脸，将卑躬屈膝作为最高的行动哲学；要是你不像他那样，他还会全身不舒服，感到人格被侵犯，安全受威胁，进而想方设法把你“清空”或“删除”。

一个人成为这个样子，所谓“人的社会化”难脱其咎。作为被赋予了

“促进人的社会化”功能的教育（学校教育），在其中应该确认什么、肯定什么、赞赏什么，应该警惕什么、避免什么、抵抗什么，实在是“巨大”的问题。

似乎，我由此可以转到“教育是一种什么样的劳动”这个话题的讨论上——教育，在关注劳动工具、劳动方法这些之前，需要先低下头来看看：土壤，种子，水，这些……

（2013 年 5 月）

第六辑　童年

多嘴诗之六

今晚我似乎喝多了，在北方，落尽了叶子
像落伍的强盗，口齿不清，让过往的人手足无措
除了夜色，他们可以交出什么
除了迷恋，我什么也没有
这城市的街道更习惯于车水马龙
霓虹可读，雪花无解，愿你出入平安
可我想不起我的御寒术，是席地而坐还是裸奔到海
色，戒，电影汤唯，旧时代的摊子
枪声下有多少来不及发出的叫喊
倒下是因为死，也可能因为爱。到底醉了没有
只有父亲知道。而奶奶总是相信，飞得越远
你所拥有的草原就越美丽，富饶

（2007 年 12 月 7 日晚，8 日中午）

小学记

有时会想，要是在正常的入学年龄入学，我现在该是怎样的一个生命形态，我的整个人生是否也如此曲曲折折地铺展？这种回望，对旧事的缅思，在诗歌写作里无处不在。你无法拒绝“童年经验”愈来愈多的照料。在一个个文字的“山谷”里，有着童年一阵一阵的回响。

我是 5 岁那年，在人家已经上学半个学期的时候，由奶奶押着，来到办在村里祠堂的学校的。班主任是一个邻家叔叔，也是语文老师，典型的乡村知识分子，不烟，不酒，惧内。想必奶奶事先跟他说好了，最前面的课桌给我留了一个座位。奶奶嘱咐邻家叔叔说：“认多少字不打紧，就让他学乖。”我想我当年一定是顽劣的。也确实是，那时我有一个绰号：铁砧。意思是硬骨头，摔不坏。我感觉得到当我走进教室时同学们讶异的目光：这么小啊！而我的同桌是谁呢？我一点也想不起来，但肯定不是女生。那个年代，女孩子能不上学就尽量不上学。我记得班上也就三两个女生。

那是 1974 年啊。传说中的“文革”后期。闽南最南的农村，其社会图景大致如此：合作社，生产队，样板戏，集体劳动，工分，村头大喇叭不时播放的《东方红》《我爱北京天安门》或召开社员大会的通知……

虽然严重的“不及龄”，但我还是很快适应了一个小学生的生活。功课渐渐跟上来，拼音，识字，听写，朗读，背诵，组词，造句，铅笔字也越写越规整。期末考试，语文得 99 分，全班第一，被扣的 1 分出自造句题：用“一定”造句。我写“我们一定解放台湾”，意思不够完整。邻家叔叔指点我说，你如果加个“要”字，写“我们一定要解放台湾”，就 100 分了。其实是我自已粗心，这句话早就死记硬背过了。就是要有一个“要”字，“一定要”，而不仅仅是“一定会”、“一定能”、“一定可以”，口气要坚定，果决，斩钉截铁：我们一定要解放台湾！

除了《毛泽东语录》，“解放台湾”大概是最重要的思想教育内容。老师告诉我们，台湾是被国民党蒋介石从祖国的大家庭里割去的。老师时不时还会讲起“1953 年东山保卫战”的故事。这说的是我的家乡福建东山岛，因为和台湾隔海相望，历来就是战略要地。1953 年，台湾国民党试图反攻大陆，进犯东山岛，激起岛上军民的奋起抵抗，最终兵败溃逃。时间虽然过去二十多年，但因为是发生在家乡的活生生的事儿，每每总是听得满腔热血，恨不得一刀把哪个国民党给砍了。

因为这个语文考试第一名，我一时被视为“神童”。邻家叔叔把我的笔记带到高年级的语文课堂上，大概还说了诸如“你们要向谁学习”的话，课间或放学路上，高年级的同学没少多看我一眼。只是数学一直不行，一看到数字心里就烦乱。

父亲、母亲并未因此而说点什么，如不能偏科啊、要加油啊，不管我成绩多少，都只是笑笑。父亲是退伍军人，当时在十几公里外的一个叫

“前楼”的公社当武装部副部长，似乎就上过一两年的学，主要还是当兵时学的读报纸、做笔记、写总结。

父亲配有一辆自行车和一把驳壳枪，这于我实在是一种荣耀。父亲有时还会带回一把自动步枪。我听奶奶说过，一次父亲给步枪上油，忘了退出子弹，一试枪几颗子弹霎时“嗒嗒嗒”从奶奶肩上射过，把墙壁打了几个洞。那墙确实有一抹新灰，想必是惊魂一刻之后补上去的。

三年级的时候，村里盖起了学校，于是我们搬出了祠堂。开学那几天，我们被安排上山找石子，给教室铺水泥地板准备材料。有一天，学校大喇叭响起了低缓、滞重的音乐，老师告诉我们：毛主席逝世了。接下来便是各种各样的悼念活动，感觉整个天阴暗阴暗的，到处都是黑色的事物。很快就是“愤怒声讨‘四人帮’”的总动员。我们大合唱，看革命电影，参加誓师大会，高喊激昂的口号，向某种宏大的存在表决心、立壮志，“做社会主义事业又红又专的接班人”。我们在作文里反复引用这样一句话：“我们要鼓足干劲，力争上游，多、快、好、省地建设社会主义。”

隔壁班一个被视为“差生”的同学，一次破天荒地也完成了作文。不过很快就被老师无情地揭露了——他抄了《红小兵》杂志上的句子：“昨天我坐飞机到北京开会。”更不幸的是他竟然和某个开国将军同名：成武。这大大增强了这个“抄袭”事件的幽默效果。因为“坐飞机到北京开会”，成武同学成了大名人，不仅全校师生都知道，也被村里的人当笑话传开了。现在一想起他，总不免先笑一声：哦，他曾经“坐飞机到北京开会”。

作文课上也有书信的训练，老师教我们写“给台湾小朋友的一封信”。恰好一个堂叔在东海舰队当兵，我便学着给他写信，大体上就是向他汇报学习情况，表达对他的想念。我也因此知晓了有信封、邮票这些美好的东西。堂叔大概是惊喜、激动的，很快就回了信。三十年以后，也就是2006年的某一天，我突然想起了这事，感慨之余，写了一首题为《牛皮纸信封》的诗：

一个，又一个，牛皮纸信封
装着问候、赠予、期待……从小，我就喜欢她，宠信她
小学三年级，第一次写信，是给当水兵的叔叔
我把地址、姓名，连同未成年的笔画写在她的身体上
有时候我会到村里的供销社，买来一札
一边嗅着她青草的味道，一边长大成人
后来，我用单位的牛皮纸信封
把爱、早操、坏习惯，写给一个人
在她柔软的生活里引入粗糙的事物
现在，有更多的牛皮纸信封，来自天南地北
掏出里面的杂志、稿件或信函

我把她们叠在书桌上。一个，又一个，牛皮纸信封越来越高。仿佛我的山河，总有旧时光流连忘返……

也许是因为年纪小、个子小，我一直没当上班干部。后来终于被任命为副组长，代老师把关本小组的语文背诵。总有那么几个“落后分子”，完不成背诵的任务，只能在放学后被留下来。而老师得回家做农活、忙家务，没时间和他们耗。有一次，一个比我大很多的同学就是不背诵，我也拿他没辙，和他耗到午后一点多，最终只能找老师告状了。当时背诵的什么课文啊，无非《半夜鸡叫》什么的，记忆里就一整个“控诉万恶的旧社会”的非黑即白的影像。

从大人们的言谈中，我们不时会得到“小心特务”、“不许随便捡东西”之类的提醒和警示。确实，我们有时会看到从东边的天空飘来一个降落伞，据说那是国民党的飞机扔下的，装有贵重手表及反动传单之类的东西，目的就是蛊惑“大陆同胞”“投台”。偶尔还会听到村里的民兵抓到国民党特务的传闻。这让我们极为好奇。

在电影里，“国民党特务”多为曼妙女郎，其发型，其面相，其着装，其行姿，其话语，无不妖娆款款，尤是指夹纤纤烟支、唇吐缭绕雾岚的形象，实在无法让人与丑恶、凶残、仇恨等语词联系起来，反而复杂了懵懂少儿的心思。当镜头里大义凛然的革命者一枪毙掉女特务的时候，我不禁一阵难过，乃至黯然神伤。我不得不承认，我是从革命电影里的女特务身上完成了美的自我启蒙的。

这显然影响了我的心灵成长。有一段时间，我特别迷恋一个外地来的高年级女生。她洁白，忧郁，安静，满树梨花，和土生土长的本村女生截然不同。我至今还铭记着她的形色，似乎她在她的少女时代就应和着我多年以后读到的拜伦的诗句："她优美地走着，就像夜色一样。"她的容颜里难道有"女特务"的暗影？我也说不准。反正那时，一个八九岁的小子，常常因为遇见她而满怀阳光。

暑假的时候，我们都有一个"学雷锋"的光荣任务：为村里的瓦厂贡献燃料，也就是捡木麻黄的落叶交公。木麻黄是家乡海岛的防护林，1950 年代从澳大利亚引进的一个树种，到 70 年代已经遍布全岛。其叶长如线，细如针——我们称之为"草"，必须用一种叫竹筢子的工具才能拾掇。一般我都跟着邻家几个堂哥辈的同学一起去做这个事。说是"学雷锋"，其实更多的是为了玩。夏日炎炎，就木麻黄林里清凉。我们捡一会儿草，便迫不及待地来到早已熟悉不过的一个水塘，扑腾扑腾跳进水里玩个痛快。有时玩过头了，草捡得少，便去寻别人的草堆，趁人不在掠走了事。自然的，自己的草被别人掠走也是常有的事。我们也喜欢做贼，专偷别的生产队或邻村的西瓜，每每斩获颇丰。偶尔也被看瓜的人追得魂飞魄散，下定决心再也不敢了，但好了伤疤便忘了疼，一有机会还偷，不过瘾的话再踢破它几个。也许是，人在野外，就变得特别野——用家乡的土话说，就是"枭狠"。

随着年级的升高，不时有人辍学，主要是那些年岁比较大学习成绩又不好的。大人的说法是：读不了书就放牛去吧。和家长一样，老师也这么说。而对于我们这些坚守在学生座位上的，他们课上课下都如此谆谆教诲：长大当科学家或解放军，为国家 2000 年实现“四个现代化”添砖加瓦。直愣愣的，也不管你懂不懂。据说这就是思想教育。我也设想着 2000 年的自己，应该是个大人了，不过也就止于这个“大人”，至于做什么事并不显明，还是农村范畴的想象，诸如木匠、民兵、拖拉机手、大队通讯员什么的，大抵是农村里的少数派。

有一段时间我成了母亲的记工员。每晚跟着她去参加生产队的总结会，听生产队长训话，评工分，安排第二天的农活。母亲出生于老县城，三两岁时被送到乡下当人家的童养媳，后来“违抗”习俗“转嫁”父亲。因为不是庄稼人出身，所以母亲在生产队里不算强劳力，工分一般也就在平均线上下。而大我 3 岁的姐姐早已是生产队的一员，她在另一处坐着，和身旁的伙伴窃窃私语着。两个弟弟有时候也一起来，不过小孩子屁股尖，坐不久，一会儿就跑了出去。

很快就五年级毕业班了。语文教师换了个姓吴的小伙子。他似乎对我另眼相看。原来他是我父亲工作的那个地方的人，他认识我父亲，他叫我父亲“老林”。父亲对他也很好，时常叫他到家里来吃晚饭。

我的语文成绩不再那么拔尖，吴老师给我加了小灶，但并不见起色。应该说吴老师的课上得还是很有激情的，他尤爱吟诵毛泽东的一句诗：

“待到山花烂漫时，她在丛中笑。”很快我们就听说，他喜欢上了村里的一个姑娘，据说还专门到县城买了票请姑娘一起去看电影。有人开始捉弄他，给他取绰号，编他的“绯闻”，说他“色”。其实人家也非恶意，只是觉得他“大胆”、“过分”，乃至有悖师表——生活嘛，总是不会过于安静，总得有个人被揪出来说事儿。

大概那年冬天，课上到《卖火柴的小女孩》。那个他国平安夜的街头，一次次擦燃火柴的小女孩，她梦幻中的祖母、圣诞老人、烛光和烤火鸡，在一个中国孩子的内心，打开了一扇神妙而伤感的童话之门。我低低地哭了，我感到自己如此多情、善感。我在“她死了”这句话的下面画了重重的一条线。我久久地沉浸在生命的唯美被无情删除的悲痛之中。这种感觉就如同在村里的广场看动画片《雪孩子》时，那童年的心随着渐渐融化的雪孩子被撕扯得七零八落。我忘却了课文“揭露和批判资本主义制度的腐朽与罪恶”的所谓中心思想，我只记得文字的深处竟能藏裹这么多的泪水！

是美必得以疼痛为承载，还是疼痛更习惯于以美的形式来传达？小学五年的语文学习，干瘪而生硬，是《卖火柴的小女孩》，让我在一瞬间觉知到语文的美学。

我相信这种相遇是一个学生的幸运和一个人的成长奇迹。他被打开，同时被接纳。那个文字和美的世界，从来就在我们的内心。我从中认出了自己——他含混、多义，向着不可知的未来展开。

1979年6月，我走进了初考的考场。作文题是《向你介绍我》。看到题目的那一刻我呆住了。这实在是一个巨大的难题。命题者大概认为“自己”说出“自己”是容易的。我抬眼看了前桌，他的卷子上有一行歪歪扭扭的字：“我是一个平凡的人……”我毫不犹豫地抄了过来，沿着“平凡”这个意思书写开去。具体内容早就遗落在记忆之外，但我估计，我一定是往“不平凡”的意义方向努力升华——此前我就被无数次地告知：要写出“平凡”中的“不平凡”。

（2009年4月12日）

童年即深深的乡愁

我大体上是往“坐”的方向发展的。

从有记忆起到高中时代，一直爱跑，爱跳，爱做很夸张的甚至超过极限的动作，身体中的动词、动的欲念，被过度开发与使用。所以，现在，更习惯于坐在那里，抽烟，喝茶，读书，发呆，想东想西，忧国忧民……

这是“中年趋势”吗？大概老年人才这么说。

人是没有所谓“中年”的。如若不行，就直接腐朽吧。

我也不支持“中年写作”的说法——尽管这种说法一开始就刨除了年龄的因素，被与命运、工作性质乃至“中年的责任感”联系起来，被认为与罗兰·巴特所说的“写作的秋天”极其相似：“写作者的心情在累累果实与迟暮秋风之间、在已逝之物与将逝之物之间、在深信和质疑之间、在关于责任的关系神话和关于自由的个人神话之间、在词与物的广泛联系和精微考究的幽独行文之间转换不已。”但因为它是相对于“青春期写作”提出来的，就避免不了陷入“线性发展”的泥潭和“进化论”的窠臼。

在我这里，写作不是“从什么主题变为什么主题”、“由怎样的叙述方式转向怎样的叙述方式”这样的话语可以描述的，它在本质上是对这个世界、对自我的越来越真实（真诚、真挚）的呼应，让我得以从中慢慢认出自己的样子。很多时候，你并非往前走，而是努力返回内心所认可的那个地方。我现在还不知道是否可以最终到达，但我越来越清楚，我正走在“返乡”的路上。

由此，我的生命始终处于“加减乘除”之中，充满挣扎、两难、驳辩、对抗与斗争。总有一些强力强行进入你的成长，对你生命的本然状态、你的秉性造成干扰、控制、屏蔽甚至破坏。罗曼·罗兰说：“一个年轻人成熟的标志是把他所受的全部教育呕吐掉。”（也有这样翻译的：“青年人总会有一次呕吐，把以往所受的教育全部呕吐掉，他才能真正成长。”）这句话如果是在二三十岁时读到的话，我一定会号啕大哭——也不是说我现在很平静，我只是感到深深的悲凉。

而在实际上，你很难把“所受的全部教育呕吐掉”，至少，你呕吐的方式包括呕吐的速度、角度，你对呕吐时机和地点的选择，甚至你呕吐时的表情、眼神、情绪，可能都是教育的结果。所以，真正的成长、成熟，代价常常是很大的。而且，你必须一次比一次艰难地“呕吐”，直至把心也“呕吐”出来。

经常有朋友问我说，这几年你的诗写得少了。说工作忙肯定是勉强的——从 16 岁那年做教师，我就觉得自己有很多事情要做——主要还是，对写作的“怕感”越来越强烈。不是“尽量少说”，不是字斟句酌，而是：对每一个词负责。世间万事万物慢了下来，似乎为了看清两岸的村庄。

在很多场合，这样的写作状态很容易被归为“中年”。当你年过四十，身边便传出“中年的故事”，生命也就进入了某种“中年的舆论”之中。我不会去作这样的自我暗示——并非身体上的自恋，而是努力在精神上自我超度，一点点去发现自己根部的世界。

有时候我会想，如果我是一头蜜蜂的话，就找一朵花隐居，与之相依为命。不过问题随之而来：这朵花该隐居在哪里？或许她可以隐居在大地的某一个角落，那么，大地又到哪里隐居呢？

所以，这些最终都难免成为一厢情愿的事。但是你不能否认，因为一厢情愿，有些事情才变得更有意思。不是吗？这两年做《教师月刊》，前后写了20多篇“卷首语”，极少“引用”，某一期我却情不自禁地转引了演员郝蕾的话——你瞧我是怎么说的——“我还真喜欢这个生于1978年的天蝎座女孩说过的一句话：‘我是一只鹰，你不要老让我去排队，大雁才排队呢。’”这何止是一厢情愿，简直就是一意孤行，一骑绝尘而去！

当然，你再怎么“一”，也不能要求别人“二”。每一个人都可以“一”，只要不伤害到别人，不损害到整个社会机体。用比较主流的话来说，就是：要警惕自己成为“社会恶”、“行业恶”的一部分。与此相关的一个命题是：避免自我作践——尤其在这个纯粹、美好的事物缺乏有力支持的时代，更要善待自己、体贴他人——而体贴他人又恰恰是善待自己的一种很美好的方式。

我现在比较担忧的正是，这种“体贴文化”的日渐消弭。也许“体贴他人”不是容易的事，那么，可以少向别人“要”。看看我们周遭的世界，你会慢慢相信：“不多要”竟也是一种美德。毕竟你不是孩子——孩子要得再多，别人也是喜乐非常的。

很多天以前我就想写一篇叫《童年即深深的乡愁》的文章，因为担心写成回忆录而迟迟没有动笔。此时我终于意识到，当年那个调皮捣蛋的小家伙，他竟然也长大了，而且长成了一个“四十而惑”的书呆子——他的书桌旁，鸡鸭成群，六畜兴旺。

（2011 年 5 月 30 日）

教育，在相爱的人之间展开

下班后到超市购物，排队买单。

突然，前面一小女孩咯咯咯大笑不已。她身旁的男子嗔怪了几句，原来小女孩不小心踩到父亲的脚了。

小女孩又是一阵咯咯咯大笑。她只是无意中踩到了父亲的脚。她是那样幸福地笑。她父亲给她买了一堆好吃的东西。我想，更重要的是，她此时跟她父亲在一起。

我想起了河北诗人李南的诗句：

> 在一个繁花闪烁的早晨，我听见
> 不远处一个清脆的童声
> 他喊——“妈妈”
>
> 几个行路的女人，和我一样
> 微笑着回过头来
> 她们都认为这声稚嫩的呼唤
> 与自己有关

不管是亲眼所见，还是阅读所感，这两个场景，无疑都是人世间最美好的一幕。这种美好，源自人性的本能。信任，关怀，慈悲，体贴，温暖，柔软，细腻，都在其中。

这也是我心力之所能及的本真而高尚的教育。如果说有一个最高的教育标准的话，那么，它就是人的标准——这里的人，对世间万物都饱含亲情和爱。

所谓“没有爱就没有教育”，“爱”是双向乃至多向的，而不仅仅是教师对学生的单向的爱的投射。真正的教育，在相爱的人之间展开。

教育当然不等同于生活，但生活中的诸多细节，都隐含和传达着教育的真谛，可以给我们以什么是好的教育的启悟。只要你以“人的标准”，以美好的人性去看、去思考。

值得一提的是，在我们苦痛乃至绝望于自己的教育，将目光投向教育发达的地方，诸如美国，诸如芬兰，试图从中汲取营养和好的质素为我所用的时候，要避免作简单而生硬的教育比较，更要避免将美国教育或芬兰教育当作教育的标准或最高的教育参照——这除了是对教育自身的贬低外，还是教育思维退化的一种反应。

教育是一个国家的发展问题，更事关每一个人生活的健康、满足和有意义与否。后者才是现代教育的核心命题。在正常的情况下，一个国家的发展，必然指向每一个人的生活的“正常化”。

“人”在教育中的失落、缺席和异变由来已久——当“人”在教育中是以“阶级的人”、“政治的人”、“经济的人”或者“社会的人”的形态出现时，我无法相信，这样的教育可以为每一个人的成长“尽责”。同时，“自然的人”，恐怕也不能作为教育中的人的全部。

如果非要在“人”的前面加一个定语的话，那么，我现在所能想到的最恰切的一个就是：生命。是的，“生命的人”，有着自己独特而丰盈的生命结构、生命体验和生命动态的人。

于是，我眼中得到美好教育的“你”，热爱跳绳、跑步，喜欢打咏春拳、练跆拳道，习惯于晨诵暮读，对未知的世界充满好奇和惊叹，懂得“赞美头上的光，落下的雨”，为万物的每一次变化而心动，为身边每一个人的存在而珍惜自己……

（2011 年 7 月 10 日）

后　记
Postscript

建设自己的书房

从2000年6月出版诗集《大海的两个侧面》，到今天出版教育人文随笔集《大地总有孩子跑过》，时间一晃过去了十三年。

在这十三年中，前面几年波澜不惊，在闽南老家的教育局，尽职尽责工作，业余读书写作，间或为本地的单位如组织部、宣传部、广电局、文联做点文案、策划、笔会等事情。2004年8月，辞去某“职务”到福州，先在海峡文艺出版社做学生刊物，后在福建教育杂志社做教育杂志；2007年夏天到北京，加入华东师范大学出版社大夏书系团队，做了一阶段图书策划、编辑工作，于2009参与创办《教师月刊》，并担任执行主编、主编一直到现在。

如果时间再往回推，一个节点是1998年，此前作为乡村教师，待了好多学校，其间有两年，在福建省龙溪师范学校读书。

除了曾经是教师，我的职业是编辑。

这两个职业，主要媒介都是知识、文字，其中埋伏着诸多古老而新奇的身体纹路和灵魂密码。我藉由它们敞开自己，它们参与了我的精神建设，同时，彼此又相互定义。我现在的模样，说话的语气、语速，看世界的角度和路径，肯定与之有关。

就这个时代所塑造的“标准生活”而言，我有不少坏脾性，诸如抽烟、喝酒、熬夜、没有人生规划、缺乏成功追求，等等。我无意向大众习俗妥协，或许，我是按着生命的惯性，随顺某种自己说不清楚的命运节律，安心于做这个大地的劳动者。

我也相信自己是一个阅读者和阅读的受惠者。在我的写作中，“书”是核心意象——我把爱、梦想、期待及种种悲伤、忧郁、颓废，融汇在这个纯净、无私的语词中；“书”也常常是言说背景——它打开了一个巨大的精神空间，让我得以看见那些被重重遮蔽的山水，那些低于地平线的风物。自然的，“书”还是我和朋友们交流的一个重要话题。而我所供职的，“竟然”是一个以“书”为业的单位——在我的阅读时空里，华东师大版图书占据了相当一部分。从“书”那里，我讨得了好心情、好皮肤，以及对各种专制保持警惕的运思方式和语言习惯。

也正因此，我的内心难免忐忑：这本书，是不是可以给人带来一点心灵的激荡，以及对世界和自我的更多思考？它是不是可以让人不知不觉缓慢下来，就像水进入河床深厚、两岸开阔的地方……

对我来说，这本书既是对一段精神史的确认，也是对未来可能的生活的昭示：必须活在书中，带着书前行，向着一本新书走去。我还需要避免所谓“人到中年”的自我暗示。它看似岁月告知的清醒和“成熟”，实质上是对人之惰性的纵容——孔子之“四十不惑”，说的是人在经历多了之后，有一个基本判断力，而不是什么都明白、都弄懂——在我的经验中，很多时候情况恰恰相反：知道得越多，疑惑越密集。套用家乡的一个谚语说就是：“上四十，不老实。”我的理解，健康而富饶的生命，应该是一本常翻常新的书，每一页都有惊喜和好奇，字里行间随处可见多情而固执的生活；同时，它保持着“书”的样子，安静，平和，风吹不动，对哗众取宠、吵吵闹闹有自动排斥机制。

收在这本书里的，主要有这些内容：一个是杂糅了教育、儿童、人生、诗、语言、艺术、写作等话题的片段式思考，包括“孩子啊孩子”、“小纸条”、“破句”和“我习得了大海的第二套拳法”等四辑；一个是这些年为《教师月刊》写的卷首语，归为“我的教育乡愁”一辑，集中了我对何为“健康、美好、有专业理性的教师文化”（这是《教师月刊》的基本诉求）的多角度探问；一个是应一些校刊如江苏省常熟市石梅小学《石梅苑》、江苏省南通市通州区二甲中学《今天第二》之约而写的几篇短文，合为“童年”一辑。

这段时间，我不时会想象这本书的样子。从写作到出版，一本书的诞生，多么不易！除了具名于封面上的作者，还有多少人在幕后劳力劳心，还有多少美好的机缘一起成全！

所以，我要感谢教育科学出版社的刘灿老师、王利华老师和杨巍老师，他们直接促成了这本书的出版——一次在与王利华老师的交流中我说：“很幸运，这本书遇到了你们。”

感谢华东师范大学出版社及大夏书系团队的领导、同事，他们在工作上的信任和支持，是这本书得以面世的重要条件。

感谢周国平老师，专门安排时间通读书稿并欣然作序。他在序言中说，

“在教育遭到沦陷的今天，作者的教育乡愁在不同程度上也是每个常识尚存的人的乡愁”，是一个非常深刻的诠释。

感谢家乡的吴武坤老师、朱华彬老师，多年来，不管我身处何种境地，他们都给予了兄长般的关爱与期待。此时想起他们，心头就有欣喜和“自得”。

感谢我的女友梧，她的构图清朗、线条简洁的插画，是这本书轻波荡漾的那部分。

……

“相爱的水，她们在树下建设自己的书房。”在写作本文的过程中，这个诗句若隐若现。现在，我记了下来，作为收笔，并以此向书神表达一个劳动者、阅读者、写作者的敬与畏。

是为后记。

林茶居

2013 年 5 月 4 日，北京